とり起つ

反骨の人

鎌田 慧

岩波書店

目　次

3　表現者の矜持

1　対峙する意志

ひとりからの正義——矢野伊吉

1

無罪判決がだされてまもなく、三〇分前まで財田川《さいたがわ》事件（香川県）の「死刑確定囚」だった谷口繁義さんは、高松地裁の玄関先に姿をあらわした。彼はようやく手錠のはずれた右手を高くあげた。円形に取り囲んだカメラの放列の後ろにたっていて、わたしは矢野伊吉弁護士のちいさな影を思い浮かべていた。

その日、一九八四年三月一二日のほぼ一年前、三月一八日、矢野伊吉弁護士は世を去った。彼こそ、記者団に出迎えられた谷口さんのそばに付き添っていなければならないひとだった。

ひとりの人間が、渾身の力を尽くしてひとりの人間を救う、そんなドラマはけっしてありえないことではない。しかし、矢野さんの行為は、美談の領域に収まらなかった。というのも、彼の言動は激越にすぎて、まわりからはむしろ奇人としてみられるようになっていたからである。

矢野さんが、財田川事件の死刑確定囚・谷口繁義さんの手紙を発見したのは、六九年三月のことである。このとき、彼は高松地裁の丸亀支部長判事だった。谷口さんは、便箋にペン書きで、「血痕が付着していた」とされ、死刑の判決を受けることになったズボンの再鑑定を嘆願していた。それは、けっして正式の再審請求書ではない、いわば一種の「私信」でしかなかった。

そのこともあってか、手紙は五年間も裁判所の書類棚に打ち捨てられていた。その埃《ほこり》をかむった運命の塵《ちり》を払って、光に照らしだしたのが矢野さんだった。

再審弁護団の北山六郎団長とお会いしたとき、彼は感に堪えぬような口調で述懐した。

「裁判官が手紙に応えるなど、普通ではありえないことなんだ。あれは正式の再審請求ではなかった。それを矢野さんが拾いあげたんだから……」

もしも、矢野さんが、これまでの裁判官とおなじように、最高裁が死刑を確定した男の手紙などに目もくれなかったなら、「財田川事件」は世に出ることなく、谷口さんはいまだ獄中で苦しんでいたことはまちがいない。

手紙を発見した矢野さんは、さっそく書記官にタイプを打たせ、大阪拘置所に囚われていた谷口繁義のもとに送付した。

「この手紙によると、『再審の件につきましては、いずれ正式の書面を提出したいと思って居ります……』と記載されておりますが、その後、当裁判所宛に、これに該当する何等の書面の提出もありません。この件について、貴殿において、再審請求書を提出する意志があるかどうか。あるのであれば、至急に、正式の書面を当裁判所宛に提出して下さい」

もちろん、谷口さんはすぐに返事を送った。

「裁判長殿の問いに対して、早速回答致します……」

2

谷口被告は、一九歳のとき、自宅にちかい山村で、一人暮らしをしていた老人を殺害してカネを奪った、として死刑の判決を受けていた。五年間も無視されていた手紙への裁判長からの応答が、獄中の死刑囚をどれほど欣喜雀躍させたか、想像に余りある。返書は一字の書きつぶしもない、入念に清書されたものだった。

三カ月たって、矢野裁判長は、ふたりの陪席裁判官と書記官をひきつれ、谷口さんを大阪拘置所にたずねた。矢野さんは五八歳、谷口さんは三八歳。逮捕されてから一九年、最高裁で死刑が確定してから一二年の歳月が流れていた。一二年間、刑の執行がなされなかったことが、法務当局がこの死刑確定に疑念をもっていたことを示している。

「矢野さんが大阪に現われたときのことを話してください」

三四年ぶりに獄中から生還したつぎの日、谷口さんの実家に泊めてもらった朝、わたしは炬燵ごしにそうきいた。彼は「あっ」とちいさく叫んで、顔をほころばせた。

「大阪に尋問にこられたときのことですか、これには、わたしも驚きました」

——だれがきたと思ったんですか。

「最初にこられたときは、こらまた、わたしの主張を受け入れてくれない人がきたんじゃないかと思いましたね。ところが、帰りに『からだに気いつけな。気いつけてやんなよ』とかね。『君はこうやなかったのか』ほかの陪席裁判官がこうやいうても、『君はこうやったんやないのか』とかやりはじめたでしゃろ。ああ、これはもう受理されると思いましたね。わたしのみならず、刑務官も『谷口、いまのうちや、やれっ』て、わたしの肘を突いて励ましてくれるんですね」

——顔をみたとき、どんなふうにみえましたか。

「いやあ、そら全然触りがちがいますわ」

——あの人はあまりニコニコしないひとでしょ。

「そのかわり、『バカッ、バカッ』と叱られましたよ、ああ、これはいけるなと、やってくれると。いまのうちにわたしは主張しなきゃならないという感を強くしました。とにかく、惜しいひとを亡くしたと思います」

矢野裁判長は、当時の捜査官を高松地裁丸亀支部に呼んで尋問した。それによって捜査の違法性についても確信を深めたようだった。彼は当時の心境について、こう書いている。

「審査を続けて行くうちに、私は自分の眼をも疑うような事実に気づくことになってしまったのである。私が知ったことはあまりに重大なことであり、あまりに異常なことだった。これが運命だとしても、それはあまりにも苛酷すぎる。あれほどまでに裁判官の仕事を愛していた私が、警察に、検察庁に、そして裁判所に、さらには法務省にまで、疑惑を持ち、批判するようになってしまったのである。……

谷口の無罪を証明することは、とりもなおさず、警察官を、検事を、先輩の裁判官の落ち度を摘発し、それを暴いてしまうことになるのだ。私といえども、世の人びと同様、名利を欲し、立身出世を望むことには変りはない。ただ、不正義に気付いてしまったなら、気付いた人間がやはり何かをしなければならないのだと思った」(『財田川暗黒裁判』立風書房)。

彼は左右ふたりの陪席裁判官の合意を得て、再審開始決定の草案を作成した。そして、退官を発表した。退官したあと、自分で谷口被告の弁護を引き受けようと決心したのである。

そのことは、職業人としての裁判官の立場をすでに逸していた。なぜそれほどまでに、ひとりの死刑囚に想いを寄せるまでになったのか、それは人間の関係が希薄になっている現代では、なかなか理解しがたいことである。

「不正義に気付いてしまったなら、気付いた人間が何かをしなければならない」

おそらく、矢野さんの使命感は、そのひとことに尽きるであろう。

しかし、矢野さんが思ったようには進まなかった。突如として、ふたりの陪席裁判官が再審開始決定の「延期」を申し入れたのだった。おそらく、最高裁の決定にたちむかうことの重大さに恐懼《きょうく》したのであろう。彼にとって、それは手痛い裏切りだった。

二対一となって合議はくずれ、「再審開始決定」の断を下せぬまま、彼は退官に追い込まれた。そのころ、再審の壁はいまよりも数十倍も高いものだった。裁判に誤りがあることを最高裁判所は認めたがらなかった。あるいは、個人が振りかざす正義など、国家の前では「蟷螂《とうろう》の斧《おの》」の如きものでしかなかったのかもしれない。

3

七〇年八月、無念の退官。丸亀市の自宅に弁護士事務所の看板を掲げた矢野さんは、大阪拘置所に姿をあらわした。

この日のことについて、谷口さんは、いまこう語っている。

「いや、突然、わたしに面会にこられたんですよ。びっくりしましたよ。まさかあの裁判長が、人ちがいやないのか、おれの目がちょっとどうかなっとるんちゃうかと。弁護士面会室に来てやね、『谷口君、おれは君を救ってやろう思って弁護士になったんだ。弁おれのいうことを聞いてくれるか、どうや。社会に出たら、お前、おれの顔に泥をぬるようなことはしないだろう、どうや』ちゅうていうたですよ。『まじめにやれるか』ってね。それで、『おれは裁く立場から弁護する立場にまわったんだ』いうてね。そのときは、本当にこれは真実の勝ちやなと、つくづく思いました」

——いまでも、はっきり覚えているんですね。

「そらそうですよ。広子夫人ももう亡くなりましたけれども、みんな家族ぐるみで一生懸命パンフレットをつくったり、矢野先生の手助けをしてくれているんですよ。あんな裁判長がいますか。だから、わたしは矢野先生のいうとおり、やってきたんです」

無実の死刑囚を救うために、裁判長の職をなげうって弁護士になるなど異例のことである。矢野さんはほかの事件の弁護は一切引き受けず、この事件にだけ専念した。手弁当である。まして裁判官が在任中に担当した事件をあつかうのは、法曹界ではタブーとされている。しかし、彼はそれも意に介さなかった。

七二年の年頭にあたって、矢野さんは獄中の谷口被告に長文の手紙を書き送っている。

「私は裁判長として審理しているうち、無実だということを知り、犠牲に供せられた君の不幸、不運を気の毒に思い、検事、警察官の不法、不当を糾弾しなければならないとも思いましたが、君をこのように無実の罪を着せ、絞首台に送ろうとしたのは、警察、検事、それに裁判所の違法、誤判によるもので、裁判長としての私も、先輩のした誤判を正すのが私の任務というか、使命と思い、かつ、誤判であるということを指摘し、立証することは、私でなければできず、そのためには裁判長、裁判官の地位、職を犠牲にしなければならないと覚悟を決め、実行してきましたが、現実はなお厳しく、まだ十分に効果をあげておりません」

その年の九月末、矢野裁判長の後任の越智伝裁判長は、谷口被告の悲願を踏みにじって、再審請求を棄却する決定をだした。それをささえた陪席裁判官は、かつて矢野さんに賛意を表しながらも、土壇場で寝返ったふたりだった。そのためか、この「決定書」は苦悩にみちみちたものになっている。矢野さんが指摘した疑問を無視しえず、かといってそれまでの判決をまっこうから批判する勇気にも欠けていた。だから、表現は必然的に〝奴隷の言葉〟となっている。

「疑問は解明されていない」「納得できない」「公平らしさを認め難い」「不可解」「疑問なしとしない」「通常でない」「首肯できない」「疑わしく」「甚だ不公平」「甚だ残念に思う」「誠に遺憾に思う」「疑惑を生じるのも止むを得ない」……。

これらが、谷口被告が「自供」したという事実にたいしての、あるいは先輩裁判官たちの判断にたいしての疑問なのである。これだけ疑問を感じていたのなら、その先の結論は、裁判をやり直せ、という「再審開始決定」でしかないはずのものだった。

たとえば、死刑宣告のための唯一の物的証拠とされているズボンの血痕については、つぎのように判断している。

「証二〇号国防色ズボンにごく微量にしか付着していないO型血液が、犯行と被告人を結びつける決定的証拠であるとするにつき疑問はないのであろうか」

犯行と被告人が結びつかなかったなら、被告人は無罪である。三人の裁判官は、それを知っていた、としか考えられない。ただ、彼ら三人だけでその判断を下すのをためらう何かがあっただけである。「決定書」には、こうも書きつけられている。

「むなしく歴史を探求するに似た無力感から、財田川よ、心あれば真実を教えて欲しいと頼みたいような衝動さえ覚えたのである」

谷口さんは、老人殺しに使った出刃包丁を財田川に捨てた、と〝自供〟していた。ところが、川からはなにも発見されなかった。裁判官はその川に泣きつくポーズを示して、彼を判断停止の状態に追いこんだ背後の力を覆いかくそうとしたのである。矢野さんが、この事件を「財田川事件」と名付けたのは、そんな裁判制度への痛烈な批判をこめてのことである。

4

正義の拠りどころであり、真実を判断する場とされている裁判所が、不正義を発見しながらも、自己の責任においてそれを明らかにしないとすれば、この世には真実を証明するところなどないことになる。

裁判官は世間で考えられているように、けっして独立不羈の存在ではなく、組織の一員として、サラリーマンによくあるように自己を殺して組織を維持し、そのなかで自分の生活を成立させる存在にすぎないことが明らかになった。

矢野さんは棄却決定がだされる前から、自費でパンフレットを発行し、ひとりで法曹界内部やマスコミに配布していた。彼は裁判長であったことを行動の制約とするのではなく、むしろ資料を読破し、無実を外にむかって主張できるただひとりの人間として、法曹界のタブーを破って、ただ谷口被告の救済のためにだけ生きるようになっていた。

その熱意にたいして、地元の高松弁護士会は戒告処分で報いた。どこからどう動いているのか、目にはみえない大きな力がはたらいていたようである。

矢野弁護士が裁判を起こしたことは、新聞で報道された。彼は谷口被告の代理人として、国を相手とする損害賠償請求の民事訴訟をおこした。「当局の故意または過失による違法行為」を追及する迂回作戦である。

この記事を読んで、立風書房の編集者・白取清三郎さんが丸亀市に矢野弁護士をたずねたのは、七二年一月である。このころ、矢野弁護士はだれの手も借りず、孤立無援のたたかいを覚悟していた。そのためもあって、矢野さんは電話での執筆依頼を拒否していたのだが、強引に訪れた編集者の情熱にうたれて、出版を任せることにした。その編集者はわたしの高校の同期生だった。彼から協力を要請され、わたしが矢野宅を訪問したのは、翌年の四月だった。

そのあいだに、矢野弁護士は脳卒中に襲われ、半身不随となっていた。彼は冷水摩擦を自分に課し、左手で原稿を書きつづけていた。最初の出会いについて、わたしはこう書いている。

「わたしははじめて矢野弁護士宅をたずねた。彼はその一年まえ、脳卒中で倒れ半身不随だったが、小柄な身体は執念のかたまりそのものだった。もつれる舌で彼は、『権力による犯罪である』と叫ぶようにいった。はなしが核心にはいると、身をのりだし、マヒのない左手でテーブルを叩いた」(『死刑台からの生還』立風書房)。

矢野伊吉の著『財田川暗黒裁判』が発行されたのは、一九七五年一〇月である。元担当判事が捜査当局はおろか、裁判所までをも徹底的に批判したこの本の出版は、ニュースとなって伝えられた。一九歳から投獄されていた無実の死刑囚の存在が、ようやく新聞や週刊誌、月刊誌であつかわれるようになったのである。

矢野伊吉弁護士を代理人とする、谷口被告の差し戻し請求を受けた最高裁が、高松地裁に裁判を差し戻すことを決定したのは、翌年の七六年一〇月だった。世論を無視できなくなったからだ。

刑事訴訟法第四七五条には、死刑執行の命令は「判決確定の日から六箇月以内にこれをしなければならない」と定められている。しかし、谷口被告は、五七年一月に死刑が確定してからその日まで、一九年間も「死刑確定囚」として生きていた。

法務大臣が「執行」命令をだすのをためらうのは、法務省に処刑する自信がなかったためである。再審請求を棄却した裁判官たちでさえ、谷口被告の犯行であるとするには、深い疑念を抱いていた。彼を拘留している拘置所もまた、この死刑囚を別格あつかいにしていた。

だれも自分の責任において、谷口被告の無罪をあきらかにしようとしなかった。ただ時間だけが空費され、一九歳の青年は五〇歳を迎えた。そして、彼のあとからやって来た死刑囚たちは、つぎからつぎに処刑されていった。その数は二九人にもおよんでいる。その中には「早期執行」を嘆願するものもいた。はやくやってくれ、と頼まれれば、国家は遠慮なく処刑した。それが国家の〝温情〟というものなのであろう。

谷口繁義だけが生き残ってきたことが、彼の無実を証明していた。厚い壁の内側では、それは公然たる秘密だった。ただ、その事実が世間に洩れなければ、死刑囚が自然死するまで、知っているものたちは沈黙を守る。そのことによって秩序が維持されるからである。

矢野弁護士は、その壁に体当りして、風穴をあけたのだった。できることならそっとしておきたかった最高裁にとって、それは癪の種だったのであろう。差し戻し決定書の中で、最高裁は異例にも名指しで矢野弁護士を批判している。

「なお、矢野弁護士は、正規の抗告趣意書を提出したほか、数次にわたり印刷物、著書等により、世間に対して中立人の無実を訴え、当裁判所にもそれらのものが送付されたが、弁護人がその担当する裁判所に係属中の事件について、自己の期待する内容の裁判を得ようとして、世論をあおるような行為に出ることは、職業倫理として慎しむべきであり、現に弁護士会がその趣旨の倫理規程を定めている国もあるくらいである。本件における矢野弁護人の前記文書の論述の中には、確実な証拠なくしていたずらに裁判に対する誤解と不信の念を世人に抱かせる虞がある」

しかし、もし矢野弁護士の「印刷物、著書等」があらわれなかったならば、そして、そのことによって事件の真相が世論にひろがることがなかったならば、はたして最高裁は差し戻しを決断したであろうか。

その直前、日本弁護士連合会もこの事件に取り組むことを決定し、矢野弁護士をくわえた弁護団が結成された。最高裁の差し戻し決定を受けて、高松地裁が「再審開始」を決定したのが七九年六月、これにたいして高松地検が即時抗告した。

高松高裁が地検の抗告を棄却したのが、さらに二年後の八一年三月一四日。高検が抗告を断念し、高松地裁で再審公判が開始されることになったのは、その年の九月末だった。最高裁が差し戻しを決定してから、すでに五年の歳月が流れていた。

このことは、警察庁や検察庁の抵抗がいかに根強いかをよく示している。無実はすでに争うまでもない自明の理になっていても、国家権力は、秩序を維持するためにだけで抵抗する。個人の人権などは敝履《へいり》のごとく捨ててかえりみないのである。

5

矢野弁護士は、自著を刊行したあとも、おびただしい数のパンフレットを発行しつづけた。左手で芯の太い鉛筆を握りしめ、あたかも命を削るかのように、裁判批判を書きつづけたのである。そして、それは年を追うごとに過激になっていくのだった。

たとえば、「谷口を救済しよう　悪党役人を屠《ほふ》れ」と題するパンフレットには、こう書かれている。

「無罪無実の谷口が悪党役人にデッチあげられ、死刑判決に処せられ、一挙に死刑の執行により事件が落着する予定であったところ(昭和三二〜三四年頃までに)、推進してきた悪党検事中村正成の『捜査記録』の破棄という全く異例の大隠匿工作の発覚により事件がもともとデッチあげで嘘であることが関係者の間に分かり、従って死刑判決は錯誤により無効で、法務大臣の死刑執行命令は得られず、谷口の通常の手続による死刑の執行は不可能になった。……このとき、裁判所、検察庁、法務省の関係役所間において首脳部の善後策協議がなされたことは当然であるが、その結果、『事実の通りデッチあげを発表し、谷口を釈放すれば、検事・警察の犯行が明白になり、一般国民の反抗高まり治安を乱される恐れがあるので』、幸にして谷口は死刑囚であり死刑判決の通りだということにすれば、納まり易いとして処理したものと認められる」

高松地裁ではじまった再審公判でも、矢野弁護士は果敢だった。彼は脳卒中で倒れて以来、かなり言葉が不自由になっていたが、もつれる舌に自分でも苛立たしそうに、当時の捜査官を尋問した。それでも、自宅で話しているときよりも、法廷でのほうが声も大きく、言葉もはっきりききとれるようになっていた。それは、この公廷に賭けた彼の気迫を感じさせた。

証人として、宮脇豊元捜査主任が出廷したとき、彼はこうきいた。

「あなたは、谷口の自白調書を偽造したものに間違いないと思いますが、どうですか」

宮脇元警部補は抗弁した。

「そういった偽造したやいうようなお尋ねになること自体が間違うとるのと違いますか。それは、偽造したやいうことができようはずがないでしょうが」

矢野弁護士は言葉を重ねた。

「あんた、普通の事件を調べるのに、これほど、手記のことを何遍もう、そのことを書いて、これは偽造以外にないんではないですか」

矢野弁護士は、法曹界に身をおきながら、ついには法曹界全体の批判者となった。彼は再審裁判がはじまるよう全力を傾注したが、それがはじまってからは、裁判にはさほど期待していないようだった。彼は、再審裁判がはじまり、死刑執行が停止された状態になっていてなおかつ、谷口が釈放されていないことを、口を極めて批判していた。

いまなお拘禁されている根拠は何か、それをパンフレットに書き、法廷でも追及した。ある日、わたしと話し合っていたとき、彼は激昂したように不自由な右拳《こぶし》でテーブルを叩いて、こういった。

「ダッカンだよ」

わたしは、「えっ？」とき返した。奪還しかない、と繰り返したのである。三十数年間も裁判官席に坐ってきたものの発言とは信じがたい過激な発言だった。その人物が、なぜこれほどまでになったのか。彼が無実を発見してから一三年たってなお、被告が釈放されない裁判制度に絶望していたからかもしれない。ひとりの裁判官が、裁判制度への根底的な批判者となったことに、わたしは、大学出のエリート判事とちがう、彼の道程を感得させられていた。

6

一九一一（明治四四）年、矢野伊吉弁護士は、香川県善通寺市郊外の農家に生まれた。観音寺の旧制中学を卒業したあと、東京で働いていた、と妹のキヌエさんが語ったことがある。そのあと、広島で旧制工業高校の事務員を務めながら、独学で勉強をつづけ、司法試験に合格したのは二六歳になってからだった。旧制中学を卒業してから、一一年がたっていた。戦前は朝鮮で判事を務め、戦後は網走地裁などに赴任している。

大学出で、司法試験の難関を突破したエリートたちがほとんどである法曹界で、彼は出発当時からすでに異端だった。それでも謹厳実直な人柄と裁判を天職とする情熱によって、それまでなんの波乱もなく、裁判長席に坐ってきた。そして、人生の先もみえたころになって、たまたま出会ったのが「財田川事件」の不正だった。

地元で「不良」と呼ばれ、不良と呼ばれていたからこそ濡れ衣を着せられ、ついに死刑囚にされてしまった男の運命に、あるいは、矢野さんは自分の不遇な半生をみていたのかもしれない。

「獄中でいまなお無実を叫び続けている谷口の声を、いったい誰が伝え得るのであろうか。そこには、たまたま、私しかいなかったのである。やはりこれは私の運命なのだと思う」

と彼は『財田川暗黒裁判』に書いている。

最初にお会いしたころより、矢野さんは柔和な笑顔をみせるようになっていた。自宅座敷のテーブルのむこうに、肩を落として坐っている小柄な矢野さんの目が、微かに笑っているのだった。裁判がすすむにつれて、矢野さんの体力も衰えていったが、法廷での苛立ちと激昂によって、亡くなる前には、奇人あつかいされるようになっていた。

　あたりはばかることなく、自己の信念を叫びつづけるものは、この世では、奇人、変人あつかいされる。しかし、彼の全存在を賭けた主張は、みごとに報いられたのだった。その意味では矢野さんは幸せだったにちがいない。

　気づいたものが、たとえ孤立したとしても、主張しつづける。そのことの大事さを、矢野さんは身をもって示し、世を去った。七一年の人生だった。

矢野伊吉　一九一一年五月香川県観音寺市生まれ。独学で法律を学び、三七年高等文官試験司法科合格。研修の後、三九年朝鮮総督府平壌地方法院判事として赴任。六九年高松地裁丸亀支部長判事のときに、冤罪を訴えた谷口繁義の葉書を発見、大阪拘置所へ出張尋問、再審開始決定を準備した。だが、陪席判事二人の反対にあって退職、弁護士となって冤罪を訴える活動を開始。七五年『財田川暗黒裁判』(立風書房)を上梓、再審請求を求める運動がはじまる。八三年三月没。谷口繁義の無罪判決は翌年三月だった。

一点の私心もなく——戸村一作

1

戸村さんは、闘い半ばにして世を去った。おそらく、ベッドに横臥して無念だったにちがいない。しかし、その死から二年たったいま、やはり、幸せな一生だったことを実感することができる。彼は、七〇年の不屈の人生を全うした。死に至るまで、あのような非妥協的な風貌をもちつづけた人物は、日本の階級闘争史上において稀有のものであろう。

千葉県成田市三里塚の、高い空の下で、片手を挙げて演説している戸村一作《とむらいっさく》の姿が、いまもはっきりと甦ってくる。もりあがるように豊かな畑や森にかこまれた三里塚の大自然のもとで、近隣の農民たちに懇願されて、三里塚・芝山連合空港反対同盟の委員長をひきうけ、それ以来、つねに闘争の最前線で、文字通りみずから血を流してたたかい、息を引きとった彼の一生は、どこか宗教的な色調を帯びている。

戸村一作の魅力とは、反対同盟の委員長でありながらも、あくまでも戸村一作個人として闘争に参加しぬいたことだ。たしかに三里塚闘争は、戸村一作をもちえたことによって、千葉県の一地域としての三里塚を超えて、全国から同志を糾合し、非妥協的な実力闘争をたたかいつづけることができた。しかし、戸村一作は、けっして、この大闘争の〝偉大なる指導者〟ではなかった。

三里塚での空港建設をめぐるたたかいの偉大さとは、ひとりの指導者の指導によっておこなわれたのではなく、さまざまな農民がたちあらわれ、英知をふりしぼって国家に泡をふかせてきたことである。この運動にみなぎっていた解放感が、全国から学生ばかりか、中年のさまざまな闘争の経験者たちをも集めさせたのである。

そのような運動をつくりだしえたのは、戸村さんの人間的な魅力のせいであった。彼は、闘争のなかで、あるときは超然と存在し、あるときは激怒して同志をも指弾した。それでも、彼にたいする信頼は揺らぐことはなかった。そのようなさわやかな運動の作風が、三里塚闘争の魅力であり、ひいては戸村さんの魅力でもあった。

たとえば、戸村さんの集会での演説が、きわめて精緻に計算されたものであったようにも受けとれるし、政治的な計算を度外視した天衣無縫そのもののようにも思えるところもあった。そのにわかには判別つかないところに、大胆にして細心な人柄を垣間見ることができる。

ときには、その演説は情況にまったくそぐわず、参加者たちを唖然とさせたりもしたが、そのためかえって、その日の集会が生々しく記憶に残ったりする。彼は演説を直感的な言語に飛躍させた。銃を構えた身ぶりを上空に示して、「飛行機を撃ち落とせ」とアジったりするのも、空港にたいする彼の敵意の詩的な表現であった。

「ずうっと(一緒に)やってきて、亡くなってみると、あれが変わり者でなくして、あれが本当のものだちゅうのがわかったよ。やはり人間、妥協性のない人間ではしょうもないけれどもね、あの人の信念というか、自分がこうだといったら仮りに間違ったことであっても絶対に曲げないという根性。それが十五年間、みんなが戸村さんを慕って三里塚闘争をやってきたという大きな要因じゃないかと思うね」(『回想の戸村一作』柘植書房)。

東峰部落の石井武さんの証言が、戸村一作という存在をよく言い表わしている。戸村さんの発言や行動が一見奇矯なものに映ったとしても、おそらく、農民や支援のひとたちで、戸村さんに不信の目をむけたひとはひとりもいなかったであろう。戸村さんはけっして裏切らない、この信頼感が、三里塚闘争に身を投ずるものたちの安心感でもあったはずである。それは、戸村さんがたたかうキリスト者であったことばかりでなく、彼の発言や行動に、一点の私心もまじっていないことをよく理解できたからである。

戸村さんは激烈なアジテーターであった。しかし、彼が、指導者のたかみに身を安んじていなかったことは、晩年に書かれた小説、たとえば『小説三里塚』や『わが三里塚』での、農民ひとりひとりにたいする愛情をこめた観察とこまやかな筆致によくあらわれている。

2

戸村さんは、たいがい居間で資料にうずまるようにして暮らしていた。木戸をくぐって居間を覗きこむと、彼はたちあがって離れの座敷に案内する。そのときは、あの闘志にみちみちた表情は消え去り、柔和な書斎人の顔になっているのだった。

わたしは、「廃港要求宣言の会」の前田俊彦さんや「連帯する会」の上坂喜美さんと一緒に集会への出席を要請しにいったり、『新日本文学』への執筆を依頼したり、いわば「公式」的な訪問ばかりが多く、ただ一度遊びにいったのは、ある年の正月、フランス人司祭を案内したときだけである。だから、残念なことに、個人的なことを話し合う機会のないまま終わってしまったのだった。

集会が終わってからのデモ行進のとき、戸村さんはたいがい市民の隊列にあって、外国に行くときの通訳を引き受けている松井道男さんと歩いていた。わたしもなん度か一緒に歩いたことがある。いまでも記憶に残っているのは、『新日本文学』に寄せられた小説のなかでの、警察官の妻の内面を描いた描写を削らせてもらい、それについて話し合ったことである。

わたしは、わからないことは書かないほうがいいのでは、と申し上げ、戸村さんは謙虚に耳をかたむけてくださった。父親ほども歳のちがう方の原稿に注文をつけるのは荷の重いことだったが、戸村さんはいい作品を書こうという熱意からか、だまってきかれていた。

「三里塚闘争は芸術の宝庫である」

それが戸村さんの持論だった。彼の油彩や彫刻や小説やドキュメンタリー作品は、その持論のほとばしるような実践だった。闘争と創作活動をみごとに統一した戸村さんに、わたしは羨しさを感じていた。

戸村さんにとって、反対同盟委員長は農機具商とおなじように、存在の一面でしかなかった。彼はすべての時間を空港反対闘争に捧げた。それがあの敵愾心にみちみちた面魂を形成させていた。演説や絵や彫刻や小説は、すべて、三里塚闘争を発展させるための表現だった。そしてまた、三里塚闘争をもっともよく体内に吸収したのもまた、戸村さんだった。

「こんな私を、中学時代から今日までの五十年をかえりみると、私という人間の中には何か権威に逆らう反逆の精神が、絶えず生き続けてきたのではなかろうか」(『野に起つ——私の三里塚闘争史』三一書房)。

中学生のときから反戦、反天皇だったことを隠そうとしなかった戸村一作の晩年に、空港が襲いかかってきたのである。一方的な国策が激しい抵抗によって迎えられたのは、いわば宿命ともいえるものだった。

3

一九七七年四月一七日の現地集会の大結集、そして五月六日、岩山大鉄塔の抜き打ち撤去、翌々日、五月八日の千代田農協前広場での抗議集会。機動隊員が発射する催涙弾と火焔ビンとの応酬。三里塚での攻防戦は激化していた。このとき、わたしは戸村さんの隣りに立っていた。

機動隊の催涙弾の直撃を頭部に受けた東山薫さんが、成田日赤病院で息をひきとった五月一〇日、ロビーのソファに戸村さんと並んで坐っていた。このときの戸村さんの沈痛の表情はいまでもよくおぼえている。深夜の病院の廊下は暗く、悲痛な怒りが低く這っていた。それが横堀要塞の攻防戦にひきつがれ、ついに日本人民闘争の金字塔ともいうべき、管制塔占拠をもたらしたのだった。

その日、七八年三月二六日の朝、菱田小学校跡の校庭は、真紅の旗と赤ヘルや労働者、市民で埋めつくされ、戸村さんが戦《いくさ》を鼓舞する演説をした。演説が終わって、宣伝カーの屋根から降りてきた戸村さんは、義務を果たしたような表情をみせ、ていねいに挨拶して帰っていった。戸村さんは、いつでもていねいなひとだった。

実は、その前の晩、お宅へうかがって集会への出席を依頼していたのだが、そのあと「出席できなくなった」という電話がかかってきた。三里塚教会での集まりとダブっている、とのことだが、もう一度交渉し直して無理にきてもらったのだった。

戸村さんは、菱田小学校から急いで自宅中庭の教会に帰り、そのあと第二公園での中核派や解放派などの集会に参加していた。「三里塚第二公園の三・二六全国集会が半ばを過ぎた午後一時ごろだった。司会者の『管制塔占拠』という報告に、全参加者は総立ちとなって喚声をあげた」(『わが三里塚　風と炎の記録』田畑書店)。

しかし、その日の赤ヘル部隊の戦闘で、大火傷を負った新山幸男さんが死亡した。団結小屋での同盟葬のとき、戸村さんはすこし取り乱していた。東山薫さんにつづく青年の死である。おそらく、闘争指導者として、もっとも苦しんだときだったであろう。

それでもわたしは、すでにそのころ、あの気迫をもってしてもついに克つことのできなかった宿痾に襲われていた戸村さんが、管制塔占拠を見届けることができたことが、なによりの餞《はなむけ》だったと信じている。

「三里塚にもどって再び権力とたたかいたい。権力に大あわをふかせるような爽快なたたかいをやらずしてどうしていられようか。みなさんがんばってください」

ついにふたたび起つことができなかったベッドから、戸村さんは集会にむけてそう訴えている。それが三里塚闘争への遺言だった。松井さんと病院に行ったとき、もう面会はできなかった。

三里塚闘争は、死者たちに守られている。戸村さん自身、死の六年まえ、こう書いている。

「思えば闘いの中で死んでいった小川明治・菅沢一利・三の宮文男・柳川茂らは、みんな国家権力によって虐殺されたも同然だった。普通なら平和な村で生を楽しめたものを、佐藤内閣の圧制の下で彼等は等しく生命を縮めて死んでいったのである。彼等は二度ともはや、この世には帰ってこないだろう」（『野に起つ』）。

そのあと、大木よねが世を去り、東山薫、新山幸男が殺害された。そして、戸村さん本人の死である。戸村さん自身、まさしく闘争のなかで生命を縮めていったのである。

「彼等は二度ともはや、この世には帰ってこないだろう」

と彼は書いている。これはけっして、たんなる詠嘆ではない。殺したものへの怒りを呼び起こしているのである。とすれば、無念のうちに息をひきとった死者たちが甦るのは、廃港になったコンクリートの滑走路を掘り返し、よみがえった大地に、もう一度農作物がもどったときであろう。

戸村一作は、病床からの最後のメッセージで、こうよびかけた。

「三里塚は日々勝利しているのです。そしてかならず勝利するのだ。このぶざまな空港をご覧なさい。われわれの戦いは目前で敵権力を圧倒しているではありませんか。

同志よ！　手を固く握り合って心を一つにして最後の勝利まで戦い抜きましょう」

戸村一作　一九〇九年五月千葉県成田市三里塚生まれ。旧制成田中学卒業。三四年受洗。六五年富里町に空港建設計画がもちあがり、「富里空港キリスト者設置反対同盟」を結成。六六年反対運動の結果、空港計画は成田市と芝山町に変更。「三里塚・芝山連合空港反対同盟」結成、委員長に推される。機動隊の突撃によって、逮捕、負傷。この間、二科展に出品し続け、『わが十字架・三里塚』『野に起つ　私の三里塚闘争史』『わが三里塚　風と炎の記録』などの著書がある。闘いと表現を統一した生活だった。七九年一一月没。

国を相手にたたかう――家永三郎

1

テルテル坊主、といっては失礼だろうか。あるいは、ニコニコバッジ。耳が大きく、目がほそく笑っている。童顔というまでもなく、絵草子にあらわれる童子そのもの。絣《かすり》の筒袖が似合いそうである。

それでも、本人は天井まで届く書棚にかこまれ、地味なネクタイを白ワイシャツの上にキチンと結び、端然と坐って応対する。痩身はスーツの上着をもて余しているようで、首と襟のあいだにはひろい空間が生じている。

家永三郎、八一歳。中折れ帽を頭にのせ、小脇に風呂敷包みを抱え、裁判所にはいっていく小柄な老人の姿は、よくテレビニュースで映しだされていた。教科書裁判の一シーンである。

教科書検定違憲訴訟の提訴は、一九六五年六月である。ところがそのあと、二次、三次と訴訟はつづけられ、それぞれ二審、三審と積み上げられてきた。いまはいわば九回裏。この二九年のあいだ、家永三郎が裁判所に通った回数は、本人でさえ数え切れないという。

「あと、何年生きていられるかわからないんで、寿命との競争という面もあるんですよね。ですけど、こんどは最終審ですから、それが確定すれば、家永訴訟は終わるわけですよ」

ひとりの人間が二九年も裁判にかかわりあうのは、冤罪の死刑囚ぐらいのものである。裁判は時間がかかるし、カネもかかる。日本のようにおカミ意識の強い国では、濫訴癖でなければ、奇矯な行動として、冷笑を浴びせかけられたりしないでもない。ましてや、学者であれば、人生の大半を裁判に費やしているのには抵抗感が強いはずで、ご本人自身も「わたしは裁判マニアじゃありませんよ」と弁明したりする。それでもなお、日本の教科書には、検閲ともいえる検定制度がある。その不合理を、家永裁判が二九年にもわたって訴えてきた。歴史的事件である。

「複数の原告でやりたい、という気持ちはありましたが、三〇年ちかいあいだで、証人には喜んででますけど、自分でやってみようというひとは、ついに一人もでなかったですね。最近になって、やっとね、高嶋クンが……」

ひとを非難する口調では、けっしてない。淡々としている。「高嶋クン」には喜びがこめられていた。高嶋伸欣さんは、高校の社会科の教師で、教科書の執筆者でもある。

九三年六月、教科書検定をめぐって横浜地裁に提訴した。家永裁判の後継者である。

2

病弱だった。熊本県の八代《やつしろ》市に住んでいたとき、小学生の姉が盲腸炎になった。母親は乳飲み子だった末っ子の家永を抱えて付き添っていた。入院生活が長引いていて、食費を切りつめたためか、乳の出が悪かった。それが自分の虚弱体質をつくった、と末っ子は推測している。

まもなく、父親は歩兵第三七連隊の連隊長として、大阪に赴任する。部屋数は多かったが、目の前は高い土塀で、陽当たりが悪かった。虚弱児だった家永は、部屋にこもって外で遊ぶことがすくなかった。いまでいう、〝もやしっ子〟である。

陸軍大学校の出身、そして連隊長ときけば、職業軍人としての出世コースのようだが、父親は、民政党の軍縮政策に共鳴していたりして、軍人にはむかなかったようだ。三郎少年が六歳のころ退職した。

一八七三（明治六）年生まれの父親が使った教科書は、翻訳教科書で、そこには「神は天地の司祭にして、人は万物の霊長なり」とあった。九歳下の母親や四〇歳下の三郎少年が使った、神話と天皇と忠臣を中心とした教科書とは、あきらかにちがうものだった。父親は、教育勅語がつくられる以前の教育を受けた軍人だったのである。

家永少年が使ったのは『尋常小学国史』といいながら、彼は書棚から現物を取りだし、応接セットのテーブルの上におく。実証的である。その教科書は復刻版だが、第一章は「天皇の先祖」として、天照大神からはじまり、神武天皇、日本武尊などの神サマがぞくぞくと登場する。下巻には日清、日露戦争における日本軍の英雄的な戦闘が、細密に描かれている。

それでも、一九二〇(大正九)年、一年生だった家永さんが、佐賀県の唐津市から転校した、東京・牛込区(現新宿区)の余丁町小学校は、大正デモクラシー精神のあふるるところで、担任の教師は、「修身の教科書はつまらないことばかり書いてあるから買わなくていい」と言い放っていた。

「君たちはなんのために勉強するのか」

教師に質問されて、家永愛国少年は、「国のため」と模範解答を答えた。

「世界のためだ。みんな利口になれば、戦争なんて馬鹿なことはしなくなる」

と教師が諭した。

中学一年のとき、東京商科大学(現一橋大学)に通っていた次兄の教科書『憲法撮要』(美濃部達吉著)をたまたま手にして、熱中して読み終えた、というから早熟である。その論理の明晰さに頭の中をすっきりさせられた。

3

中学生時代に愛読したのは、『憲法撮要』と西村真次の『大和時代』だった。この人類学者の本によって、日本の歴史が神代からはじまるのではなく、石器時代からはじまるという、科学的な歴史を知ることができた。

「神がかりの皇国史観から脱却できたんです」

法律と歴史、この二冊の名著との出会いは、その後の家永の仕事、『司法権独立の歴史的考察』『日本近代憲法思想史研究』などの著作にひきつがれていく。のちの教科書の検定にたいする猛然たる、そして息の長い、実践が準備された。

一九三五年、美濃部達吉の「天皇機関説」が問題化する。家永さんは、美濃部の「いかなる迫害があろうとも、私の学説は変革修正することはできない」という談話に感激した。その新聞記事を彼の著書に張りつけたばかりではなく、巻紙に墨書した激励文を美濃部に送っている。病弱の東京帝大一年生とは思えない熱血である。そのあと、母校の中学校の同窓会雑誌に、この問題を論じた一文を発表した。

身長一六三センチ、体重三八キロ。二〇代でも四五キロしかなかった。不眠症で、腸も弱い。中学生のときには肋膜炎で一年休学していた。

「先天性運動音痴で、運動はできない。自分で体を鍛えることもしなかったし、ほんとうに八一歳のこのときまで生きていることが不思議なんです。予定外なんですよ」

とはいっても、声には力がはいっていて、早口な話し好き。たしかに、ひ弱そうではあるにしても、これといった病気はない。

「二、三十年前から、死ぬ準備をしてましてね。白菊会の会員で、死んだら解剖教室に献体して、遺骨も引き取らない。葬式もしない、墓もたてない、と家族にいっているんです」

そういってから、つけ加えた。

「そのために、変な死に方はできない。体が切断されたりなんかすると使い物にならないでしょ」

義理堅い、というべきか。献体を利用する学生たちの不都合さを、先まわりして考えている。三、四年前、前につんのめって倒れたことがある。パーキンソン病の兆候という。出歩くことを控えるようになった。

「弁護団会議で泊まり込みの合宿をしたことがあるんです。夜の宴会で、隠し芸大会になったのですが、家永先生の演し物は島倉千代子の物マネでした。それが、だれがきいてもまったく似ていないものだったんで、つい爆笑になって、評判になりました」

「教科書検定訴訟を支援する全国連絡会議」の小林和事務局長の証言である。不器用なのだ。

「わたしはいつも時代遅れで」というのが口癖である。それは謙遜というよりは、矯激な思想への生理的な抗体ともいえる。いわば、大正デモクラシーの実験校としての余丁町小学校での薫陶がつくりだした、バランス感覚だったかもしれない。

「神がかりなもの」への批判力は、この学校のリベラルな教育のおかげです、とご本人は強調する。

「クラスでも、抜きんでた勉強家だったね。彼が東京帝大にはいったのは、京大・滝川事件（一九三三年）の翌年だった。国史学科では、思想団体の朱光会をつくった平泉澄《きよし》の国粋主義が強まる時期だった。左の学生では石母田正がいて、中立的な学生とも協力して抵抗していた。家永は堅実な学生で、その立場は一貫してウロウロせず、クラスでも信頼されていた」

とは同級生だった遠山茂樹（歴史学者）の回想である。その堅実さが「時代遅れ」の印象を与えていた。

大学を卒業したのは一九三七（昭和一二）年、二三歳。東大史料編纂所に嘱託として勤務しながら、いくつかの学術誌に論文を発表、卒業の翌年に執筆した『日本思想史に於ける否定の論理の発達』は、その二年後に単行本として刊行されている。本人自身、当時の日本主義（国粋主義）とは正反対の方向を追った、会心の作という。

二八歳で旧制新潟高等学校教授、三一歳で東京高等師範学校（のちの東京教育大学、現筑波大学）の教授に任官、恵まれた学究生活といってまちがいない。

「健康上の理由からも、戦争の状況からも、いつまで生きられるかわかりませんので、ひとつでも余計に、生きた証を残したいと思って、たてつづけに書いたんですよ。短距離競走のつもりで、スタートから全力疾走をはじめたんです。ところが、思いがけないことに、いつまでたっても死なないんで、マラソンになっています」

虚弱児のマラソンを可能にした秘訣は、はじめから大テーマを設定せず、テーマをちいさく絞って、全力疾走で駆け抜ける。ひとつに区切りをつけると、また新しいテーマに挑戦する、という駅伝方式である。虚弱さゆえに兵隊にとられず、研究に没頭できた成果は、『上代倭絵全史』『新日本史』『中世仏教思想史研究』と、敗戦とともに、たてつづけに出版される。研究内容が戦争に迎合していなかった証明である。

4

東京・西武池袋線の沿線、駅からさほど遠くないお宅を訪問すると、本に囲まれた二階の応接室に通された。お茶やコーヒーの道具はテーブルの上に置かれていて、あるじみずからがポットからいれる。リウマチの夫人をかばって、二階に上がったり下りたりさせないためである。子どもたちは独立し、老人のふたり暮らしである。

かつては、右翼の一団が家の前に押しかけてがなりたてたり、コーラの瓶を路上に投げつけて威嚇したり、誹謗中傷のステッカーをちかくの電柱に張ったり、ビラを撒いたりしたが、いまでは静かになった。

それでも三年ほど前、新聞の活字を切り貼りした手紙が送りつけられてきた。「九月十八日までに国外に退去しなければ家族を殺す」とあった。

「家族を殺すっていうのには、いちばん弱いですね。本人が危害をくわえられるのは、ある意味では殉教者になれるわけですけど……」

沈んだ声になった。

戦時中、平泉教授などウルトラ国粋主義者たちへの冷ややかな視線が、時流に乗るのを防いでいた。が、その栄光も本人の口を通すと、つぎのような内省になる。

「戦意を高揚させるようなものを書いていなかったから、戦後もそのまま出せたんですね。そのかわり、そういう非常の時世に背をむけた研究ばかりしてきたので、現実と遊離したかたちで戦火をよそにみてすごしてきました。最近になって、不作為の戦争責任というような想いを感じています。つまり、戦争を傍観していた、と」

――しかし、当時の状況では、戦争に協力しないこと自体が批判だったんでしょ？

「でも、やはり、積極的に批判しなかったことに、消極的な意味の戦争責任を感じまして」

一九四一年一二月八日、太平洋戦争開戦の日、新潟高校の教授だった家永は、その日のニュースを無視するようにして、前回の講義のつづきにはいった。と、開戦に興奮していた生徒が「先生はよく平気でいられますね」と詰《なじ》った。それから、特高が学寮をまわって、生徒たちに授業内容をきいてまわったりした。教室でさえ迂闊なことをいえなくなっていた。

敗戦になっても、やはり時世に関係のない、古代文化や中世仏教の研究に沈潜していた。澎湃としてまき起こった民主主義改革の運動に参加しなかったのは、戦争中の聖戦謳歌や日本主義に熱中していた人たちが、あたかも掌を返すようにしていたのについていけなかったからだった。むしろ、五〇年代までは、皇室にたいして敬愛の情を示していたので、反動呼ばわりされたりしていた。

皇室への敬虔な心情を隠さなかった美濃部達吉の影響を受けていた家永は、神がかり的な天皇制イデオロギーは批判しつつも、立憲君主的な天皇制への期待を払拭しきれないでいた。

書斎にこもり、いわば時流に超然としていた研究者が、外に出るようになったことについて、家永さんは、こういう。

「時世に音痴だったわたしが目を醒ましたのは、『逆コース』が反面教師になってはたらいたんですね」

5

五〇年代にはいって、日本は再軍備を強め、さらに皇室賛美のミッチーブームが起きる。「逆コース」である。六〇年日米安保（条約改訂反対）闘争のあと、大学にたいしての国家の統制を強める「大学管理法案」が準備される。これに反対した家永は、東京教育大学の民主化のために動きだすようになる。

六七年、大学管理法案は廃案になったものの、東京教育大学では「筑波大学移転問題」が起こる。移転を契機にして、改名した「筑波大学」は、文部省の「管理大学」の実験校にされる。文学部がその反対運動の中心となった。

ヒラ教授だった家永さんが、前・元文学部長らと並んで、評議会から「辞職勧告」を突きつけられたのをみても、この闘争で果たした役割の大きさを推し量ることができる。「勧告」は、全国からの抗議によって立ち消えになった。このとき、家永さんはすでに教科書訴訟を抱えていた。

結婚したのは、敗戦が迫っていた四四年一一月、三一歳だった。兄たちが家を出ていたので、両親と同居。たちまちにして嫁姑の問題に直面した。が、彼は母や兄と対立して、一貫して妻の立場を擁護した。戦前の男としては、きわめて珍しい。

それが出発点だった。「身近かな問題からはじまった」と家永さんは、これまたマラソンとなった抵抗の人生を表現する。

「こういう、思想、言論が認められた世界で、思い通りに書けないことへの怒り。その背景には、戦前に自由なことが書けなかったことへの恨みがあるんですね」

それが、家庭、大学につづく教科書闘争への想い、である。

五二年に書かれた『新日本史』(三省堂)は、文部省の検定の結果、あっさり不合格となった。それで、修正してようやく合格。五五年も五七年も、検定不合格・修正合格になっている。前に合格した箇所が、つぎの検定では、修正を強制される理不尽さである。

「不合格理由」について、文部省の文書には、こう書かれている。

「過去の史実により反省を求めようとする熱意のあまり、……日本人としての自覚を高め、民族に対する豊かな愛情を育てるという日本史の教育目標から遠ざかっている感が深い」

ここで強調されているのは、歴史的事実よりも、「教育目標」という政治判断である。それからあとも、不合格、条件付きが繰り返された。文部省のチェックは、その後の「反動化」の進展と符節をあわせてきた。

六五年六月、ついに第一次提訴(賠償請求)。六七年の第二次訴訟(検定処分取り消し請求)は、三年後の七〇年に、「国家は人間の内面的価値に中立」であるべき、との杉本判決を引きだして、全面勝訴となった。しかし、第一次、第二次とも最高裁では敗訴となり、いま第三次の損害賠償訴訟が最高裁にもちこまれている。

運動音痴と自他ともに認める腺病質な「本の虫」が、いつの間にか「運動」の最先端を走っている。一周おくれのマラソンランナーのようにもみえないでもないが、気がつけば、ほかにはだれも前を走っていない。

たった一人の提訴だった第一次訴訟から協力している尾山宏弁護士は、こういう。

「『もう許容限度を超えた。国民のみなさんに、検定の実態を知ってほしい』といって相談にこられました。途中で家永さん、精神的に大変なことになってしまい心配しましたが、ひとりで山を歩いたりして、治されたようです。どなたも気がつきませんでしたが……」

戦闘的民主主義者、とは尾山弁護士の家永評である。

日本の教育はまだまだ暗い。曇りのち晴れとなるかどうか。「テルテル坊主」よ、大きな声で祈りたい。

「あーした、天気になーれ」

家永三郎　一九一三年名古屋市生まれ。四四年東京高等師範（のちの東京教育大学）教授。日本思想史。リベラルな学者として学内外の民主化運動に参加、筑波移転反対闘争では先頭に立った。六五年教科書検定違憲訴訟を提起、生涯をかけた裁判となった。二〇〇二年一一月没。主著に『太平洋戦争』『戦争責任』『一歴史学者の歩み』『家永三郎集』など。

市民科学者の遺言——高木仁三郎

1

高木《たかぎ》仁三郎《じんざぶろう》さんは、ガンに冒され、それに生命をとられるまでの二年のあいだに、六冊ほどの本を書いている。

『市民の科学をめざして』（朝日選書）、『証言　核燃料サイクル施設の未来は』（七つ森書館）、『市民科学者として生きる』（岩波新書）、『原子力神話からの解放』（カッパ・ブックス）、『鳥たちの舞うとき』（工作舎）、『原発事故はなぜくりかえすのか』（岩波新書）。

それぞれが、生命のあるうちに言い残しておきたい、という切実な想いがこめられた仕事である。

最後の二冊は、苦しい息のしたからの口述筆記だった。『鳥たちの舞うとき』は小説であり、『原発事故はなぜくりかえすのか』は技術者への批判であり、提言である。

まったくジャンルのちがうこの二冊の本をあわせて書評する、という困難な依頼を引き受けたのは、亡くなったあとに彼の本を読んで静かに考える、という時間をもちたかったからだ。

高木さんとわたしは、おなじ歳で、敗戦のときに国民学校一年生だった。そのこともあって、「国民学校一年生」について書いた本に一緒にならんで登場したりして、たがいに親近感があった。

といっても、それはあとからの話で、最初に会ったのは、一九七〇年か七一年ごろ、新宿駅そばの喫茶店でだった。わたしは、そのころ、青森県の六ケ所村に通っていて、そこでの開発反対のパンフレットやビラをつくって、村びとに配って歩いたりしていた。東京の下町で、日本化学の六価クロム公害にたいして運動していた松岡宥二さんと取材で知り合い、六ケ所村での運動の必要性について話して、高木さんを紹介されたのだった。

その喫茶店は、それからまもなくしてなくなったのだが、編集者やライターがよく集まる、人声にみちみちた猥雑な店だった。高木さんは、いかにも新進気鋭の学者といった感じだった。「煙草の煙がすごかったね」と、のちに彼も思い出していたから、彼は煙草を吸っていなかったのだ。

東京都立大学の助教授のころである。彼は三里塚闘争(成田空港建設反対闘争)にかかわっていた。

六ケ所村の核燃料サイクル施設の建設については、まだ財界や県は隠していた。だから高木さんに会ったにしても、核燃反対の運動のためではなく、開発反対の運動のためだった。高木さんもこのころは、原発より三里塚闘争のほうが忙しかったはずだ。現地のデモでよく会うことになった高木さんは、ノンセクト・ラジカルの「黒ヘル」姿だった。

そのあとに会ったのは、杉並区にあった小さな出版社でだった。樋口健二さんの写真で原発のスライドをつくることになって、わたしがコメントを書き、高木さんに解説を書いていただいた。その打ち合わせで会ったのだった。

そのとき、高木さんは都立大学を辞めていた。わたしはその思い切りのよさに感嘆させられた。三十一、二歳で助教授になっていたのだから、将来を嘱望されていたのは明らかだった。

そのときか、そのあとの三里塚でだったか、わたしは「よく辞められましたね」と感嘆を声にだしていうと、これ以上、科学技術をすすめるよりも、市民の啓発のほうが大事です、と決然としていった。

「ラジカルなひとだなァ」というのが、わたしの感想である。

彼はそのまま、原発反対運動のセンター（原子力資料情報室）の設立に参加して、そのあと代表として、反原発の中心人物になる。大学にいて反原発にかかわることができないわけではない。が、彼は徹底したかったのであろう。その徹底が、たしかに日本の反原発運動を大きく牽引した。

いままでのように、組織を大きくする運動ではない。ネットワークをひろげ、情報を集め、雑誌や新聞、単行本などを発行し、いろいろなひとたちが原発に疑問をもつように啓発した。それればかりでなく、反原発の運動に、推進側と対等に議論できる力量をつくりだしたのである。これは日本ではあたらしい運動だった。

2

遺著となった『鳥たちの舞うとき』は、ダム工事をめぐる反対運動がテーマである。

「人間と他の生物が共生すべき二一世紀にむかっては、そういう人間の側の一方的な押しつけになる技術(原発などの巨大技術——引用者注)を減らしていくのが、われわれのなすべきことではないか、人間は自分の開発した巨大技術で自然界を支配する権利など、宇宙と自然界全体の名においてないのではないか」

という主人公の主張が強くうちだされている。

森のなかで生活しているひとびとのダム反対闘争に、トンビやカラスも参加する、という展開なのだが、どこか彼自身が深くかかわっていた三里塚闘争が反映している。それはけっして、機動隊とぶつかる実力闘争が描かれているからではない。ひとつの運動の昂揚と人間の内面の昂揚がよく描かれているからである。

主人公の草野浩平は、肺ガンに冒され、あと半年の命、と医者に宣告されている。作者の分身とも考えられる。ある日、彼は列車のなかで知り合った男女に誘われ、ダム工事をめぐって不審な事故がつづいて新聞ダネになっている、G県の天楽谷に連れていかれる羽目になる。そして結局、裁判の特別弁護人としての協力を要請される。

不審な事故とは、工事関係の作業車が谷底に転落して、すでに何人かの死傷者がでていた。カラスが作業車を襲ったからだ、として反対運動の代表者である平嘉平が逮捕されていた。容疑はカラスへの教唆・実行による殺人罪である。

天楽地区は、平嘉平の指導のもとに、谷間の温泉と養蚕、それと音楽センターを建設して、内外の著名な音楽家を招く「モーツァルト音楽祭」によって村の経済をまかなっている。自由、共生、自立の理想郷である。いわば高木さんの思い描くコミューンが、ダム建設のための強制収用にさらされる、という緊張状態にあった。

環境にたいする「許容量」などといって、人間が勝手な数値を設定しているが、それは海や川に棲む魚たちや森に棲む鳥たちの了解をとったものではない、との草野浩平の主張が、鳥たちとの共闘をささえている。

小動物を原告として、彼らの環境権や生存権を訴える裁判は、現実に各地ではじまっている。住民側が提起した野生生物の原告適格性は、いまのところ、裁判所からは認められていない。

しかし、カラスを加害者(実行犯)として、平嘉平の教唆を立証しようとする国側の訴えは、野生生物の原告適格性を認めることになるのではないか。その主張が、高木さんにこの小説を書かせたモチーフである。

野生生物との共生を夢見る著者の想いが、コミューンに住む、ひとりの若い女性に形象化されている。嘉平の孫娘である摩耶は、鳥たちと自由闊達に会話し、彼らの訴えを聞くことができる。

いままで論理的な文章を書きつづけてきた高木さんは、想像力を思いきり飛躍させるロマンを描きたかったようだ。

この小説の通底音になっているのが、モーツァルトの音楽である。高木さんのモーツァルトへの思い入れは、天楽谷をモーツァルト音楽祭の村にしていることにもよくあらわれている。逮捕されていた嘉平が村に帰ってきたときにおこなわれたコンサートで、モーツァルトの名曲・弦楽四重奏曲「不協和音」が演奏される。その序奏の混沌の長さについて議論されている。それは運動の出口への模索ばかりか、著者自身の終局をも象徴しているのだが、浩平はこう言う。

「……モーツァルトは、あの序奏の混沌のあとで、すでに生死を超えた境地に達していたのだろうか。

考えはなかなかまとまらない。しかし、何か天楽谷にかかわることで、いつ死ぬかという問いの次元を超えた何ものかが自分のなかに生まれてくるような気がした」

3

もう一冊の遺著『原発事故はなぜくりかえすのか』で、八項目にわたって指摘されているのは、原発の安全性にかかわっているはずの技術者批判である。

原発は稼働している。それが現在ただいまの現実なのだが、将来の廃棄にむけて、いまは安全に運転してもらうしかない。しかし、事故のあとなどに発表されるデータの隠蔽、ねつ造などの事実をみると、技術者が技術をささえきれていない、という根本的な矛盾をあらわしている。

「技術を担当する個人が自分の仕事の公的な性格を見失っているということからしても、自己に対する検証のなさということからしても、また自己に課すべき倫理規範を持っていないということからしても、さらにはアカウンタビリティーが欠如しているという点からしても、これまで私がずっと述べてきたことを残念ながら裏付けるような嘆かわしい状況があるのは、否定しようもない事実です」

人類の生存に大影響をあたえる巨大技術が、利益追求第一主義の企業体に包摂されている矛盾である。といって、「安全第一」という場合、いままで安全を粗末にしてきたから、こんどは安全のほうに舵をとりましょう、というようなものではない。

本来、安全性とは、技術そのもののプロセスのなかに内蔵されているものだ。そのひとつの例証として、井戸掘りがあげられている。

井戸掘り職人は、ことさら安全な井戸を考えているのではない。安全な井戸を掘るというのは当然の前提だ。本来そなわっている安全性(パッシブ・セーフティ)とは、そういうものなのだ、と高木さんは主張している。

この本の末尾には、つぎのように書かれている。きわめて実践的に文章を発表してきた彼の遺言である。

「現代技術というのは、非常にアクティブで、自然界に対してダイナミックな力をもって介入していくようなところがあります。いったんそれが破綻すれば大事故にもつながるし、戦争の道具にも使われるような強力さを持っています。それに対して、多少作業能率を落としてもいいから、もう少しパッシブで平和的で、大きな破綻や事故を招かないで済むようなシステムを取り入れていく方向に技術というものを考えていくことが、本当に安全文化を考えることになるのではないでしょうか」

それが、原子力の技術者として企業にはいり、そのあと転職した大学から離脱し、市民運動のなかでの技術者として生きる道を選んだ、高木さんの実践の思想だった。

高木仁三郎　一九三八年群馬県前橋市生まれ。六一年日本原子力事業就職。六五年東大

原子核研究所助手。六九年東京都立大学助教授。七三年都立大学退職。七四年プルトニウム研究会を組織。七五年原子力資料情報室専従世話人。二〇〇〇年没。高木仁三郎市民基金創設。脱原発運動の中心を担い、市民の科学運動を実践した。『高木仁三郎著作集』（七つ森書館）。

自立する精神——後藤安彦

1

おそらくだれでも、はじめて東京に出てきた日のことは、鮮明に記憶しているだろう。というのは、わたし自身の感慨でしかないのだが、田舎から大都会に出てきた少年の感動とか決意とかを読むのは嫌いではない。

東京生まれのひとたちにしてみれば、いささか迷惑で、あるいは冷笑に値いするものかもしれない。が、しかし、田舎者にとって、やはりその日が、人生のひとつの出発点であることにはまちがいない。

後藤安彦さんが別府市(大分県)から出てきたのは、一九五八年九月のことである。二八歳になっていた。けっして若いとはいえない年齢だった。

「その夜、外では台風が吹き荒れていたはずなのに、私は自分でも呆れるほどぐっすり眠った。肉親の保護のもとから生まれてはじめて離れることのできた喜びが私の全身を満たしていた。明け方近くなって目を覚ましたとき、短歌の断片のようなものがいくつか私の頭に浮かんだ。窓から見えるブリッジの灯が明るいとか、長いあいだの望みがやっとかなったとかいうような他愛のない語句ばかりだった。それらの断片をつなぎあわせて、四、五日後に在所生たちの歌会で披露したところ、一点も点がはいらなかった。歌会のリーダー格である若いセンター職員がにやにやしながら、『センターにはいったばかりの連中はだれでもみんなこういう歌をつくるんだよ。まあ気持ちはわかるがね』とそれでも同情をこめて言ってくれた」

これは、本名の二日市安《ふつかいちやすし》の名前で上梓した『私的障害者運動史』（たいまつ新書）の一節である。ここに登場するセンターとは、新宿区の戸山町にあった国立身体障害センターのことで、二八歳になっていた脳性マヒ二級の後藤さんが、手に職をつけるべく入所した日の感激である。

彼は、そのときのことについて、こういう。

「センターに来た三、四日で、それまでに経験した以上のものを経験しました」

それまで、二八年の人生を生きていたとはいえ、ほとんど外に出ることはなかった。身体障がい者の親兄弟のたいがいがそうであるように、外にだしたがらなかったし、彼自身、他人と話をするのが苦手だった。

小学校六年の二学期までしか学校には行っていない。厳密にいえば、小学中退ということになる。それでも卒業証書だけはもらっている。中退したのは、父親の死去にともなって引越しして、学校との距離が遠のいてしまったからである。

それに、当時の旧制中学では軍事教練が正課となっていた。そのこともあって、障がい者は中等教育を受ける資格はない、ともいわれていた。それで通学は断念した。

いまでも、ときおり夢をみる。だれなのか定かではないのだが、「お前は中学校へは行けない」といわれて目が覚める。友だちがみんな進学するのに、自分だけが除けものにされるのが、ひどく理不尽なものに思えたのだった。

しかし、それでも、小学校に通っていたころ、クラスの友人たちからは親切にされていた。他のクラスの子どもたちに囃したてられたり、嫌がらせを受けたりすることがあったにしても、みんなとおなじ小学校へ通学できた。同級生たちが一緒に歩いてくれた。いまのように隔離されての「特殊教育」を受けずにすんだのである。

昔は、まだおおらかだった。いまとちがって、身体障がい者や精神障がい者の存在は、社会に受け入れられていた。近代化とともに隔離がすすんだ。さいきんになってようやく「かなり無理しているな」と思われる節がないではないが、それでも受け入れようとしている、と後藤さんはいう。運動の成果である。

2

母方の、別府の家に閉じこもっていた。従兄に医者がいた。彼は文学好きで、英語やフランス語の小説をもっていた。戦時中のことで、英語は「敵性語」とよばれていたが、彼は兄から発音記号の読み方を教えてもらって独学をはじめた。文法が面白かった。手あたりしだい、英語の本を読破するようになっていた。そんな彼をみて、兄は妙な冗談をいって励ました。

「この戦争は日本が勝ってアメリカは滅びる。英語を読める人間はいなくなる。そうなると、お前は、世界でも数少ない男になるぞ」

結果はまったく逆になったのだが、戦争中に英語を勉強したのが、その後の生活に結びつくようになる。しかし、なにか見通しがあって英語の本を読んでいたわけではなかった。障がい者としての蟄居生活での、気を紛らすためのゲームのようなものにすぎなかった。

県立の職業訓練校がつくられるニュースをきいた。彼は、不自由な身体をおして福祉事務所に出かけていった。自立するきっかけをつかみたかったのだ。歩くのにも、しゃべるのにも不自由な後藤さんをみて、係員は「そんな重度障がいなら国立のほうがいいだろう」と入所の手続きをとってくれたのだった。

こうして、後藤さんは弟に付き添われて夜行列車に乗った。隔離同然の生活から、大都会への脱出の機会をつかんだのである。身体にハンディがあっての上京としては、ギリギリの年齢だった。「すべり込みセーフだった」と彼は笑っていった。

「最初は自己紹介だった。私の番がまわってきて、

『大分からきた二日市です』

と言い終わるまでにかなりの時間がかかった。たったそれだけを言うのにどもったりつかえたり合の手がはいったり冷や汗が出たりの連続だったからである。私が言い終わるのを待ちかねていたように、そこにいた中年の女性職員が大きな声で言った。女子寮舎監の福島いとのとその女性は名乗っていた。

『だいじょうぶだよ、このひとは。いまでこそこんなにつっかえつっかえものを言ってるけど、あと二、三カ月もすりゃあ、言うなって言ってもじゃんじゃん憎まれ口をきくようになるよ。あたしと同じようにね』。

そして実際そのとおりだった。ただしいろいろな事情のため、あと〝二、三カ月もすれば〟というわけにはとてもいかなかったが」(『私的障害者運動史』)。

後藤さんのお宅にうかがったとき、二、三日後にせまった引越しの準備とかで、荷物は片づけられていた。六畳ほどの書斎の机にむかっていた彼は気さくで、もうじき五六歳になるとはみえなかった。昔は、「あのう」を十数回くり返してからでないと言葉が出てこなかったそうだが、いまはちょっと出だしに間がある程度で、さほどの不自由もなさそうである。とりわけ訓練したのではなく、社会生活の中で、自然にしゃべれるようになった、という。

実はわたしも、昔は吃音がひどかった。極端に疲れたり、落ちこんだり、あるいは奇妙なことに、田舎に帰って津軽弁でしゃべったりすると、いまでも、元にもどってしまうのだが、かなり軽いものになった。東京に出てきたころは、目的地の駅名をうまく発音できず、その先の駅まで切符を買ってしまったりした。ところが、仕事柄、吃《ども》ってばかりいられなくなったのだ。

後藤さんの場合、左手にマヒは残っているようだが、坐って話し合っているかぎりでは、重度のマヒがあるように思えない。障がい者の運動と仕事の必要がそうさせたのであろう。とすると、隔離生活がもっとも悪い、ということになるようである。

3

二日市安の本名で障がい者運動の本を書いたり雑誌に論文を発表したり、後藤安彦のペンネームでチャステインやガードナーの推理小説の翻訳が三十数冊、歌集、そしてさいきんでは、もうひとつのペンネームで推理小説やポルノ小説を発表している。「健常者」以上の活躍ぶりである。

国立身体障害センターにはいった後藤さんは、筆耕（ガリ切り）にまわされ、そのあと、和文タイプの訓練に移された。一九六〇年は日米安保反対闘争の年でもあったが、このころは、ガリ版とタイプの全盛期でもあった。

ガリ切り(製版)は、ロウ原紙に鉄筆で、ヤスリの溝に沿ってタテヨコの孔をあける作業ともいえるが、手先に麻痺が残る脳性マヒ者には、横にまっすぐの線をひくのは至難の業だった。

一方、タイプ印字は、一〇分間に四〇〇字前後打てるまでに上達したが、プラテンという円筒に原紙をキチンとまきつけないと、印字が上下に乱れ不揃いができてしまう。そんな苦闘をつづけながらも、後藤さんはセンターの生活に高揚していた。

「センター入所以前に私のいた場所が単に私という物体を保管しておく物置だったとすれば、二八歳の私が暮らすことになったセンターという場所は、私のはじめて得た家庭であり、生活の根拠地だった」

就職した印刷屋の社長の紹介で、翻訳の仕事がまわってくるようになった。東京で身につけた技術は生活に役立たず、田舎で勉強した英語やフランス語で収入を得ることになったのは皮肉である。

後藤さんは、古ぼけた一冊の出納帳をみせてくれた。表紙に「後藤翻訳事務所」とある。センターで知り合った仲間ふたりと設立した「会社」である。「N産業一万五九〇〇円」とある。一枚当りの単価が三〇円で五三〇枚。ヘリコプターの整備取扱い説明書の翻訳だった。

「よくもまあ、小学校卒の男にこんな仕事をまわしてくれて」

と彼はいまでも感嘆している。上京する前から、英仏語のほかに、ドイツ語、スペイン語なども読めるようになっていた。あるとき、製薬会社から、チェコの文献がはいったんだけど、翻訳してくれるひとを知りませんか、という問い合わせが来た。

「友人にできるのがおります」

彼はそう答えて、さっそく受けとりにいった。帰りの足で、日本橋の丸善に寄ってチェコ語の文法書を買った。一週間でマスターした。残る一週間で納期に間にあわせた。NHKのラジオ講座で、ロシア語を独学していた素養が身を助けたのである。

そのあと、ポーランド語の文献がやってきた。それもやはり独習書を買ってきて元を取った。英、独、仏、伊、露、ポーランド、スペイン、オランダ、デンマーク、スウェーデン、エスペラント、ラテン語、中国語、それらはすべて独習で各個撃破した。

「面白いから。好きだったから」

それが、語学をものにする秘訣である。

翻訳の仕事をするようになって、交際範囲がひろがった。いろんな人と出会うようになって、後藤さんはひとつの発見をした。大学を出ても語学ができない人が意外に多いことだった。かなりのショックだった。あるいは、小卒の学歴にくらべれば、大卒は別世界のエリートのようにみえているのかもしれない。しかし、「大卒」は勉強したことの証明ではけっしてない。

たしかに彼はゲームのように語学に熱中してきた。しかし、それはたんなる「勉強」ではなかった。家族からも見捨てられ、孤絶した部屋で、自己の存在を賭けての必死の営為だった。語学によって就職しようとか、語学で身を立てるとか、そんな可能性と夢さえ断ち切られた暗闇の中を、手探りでもとめてきた光明だった。大学の華やかでいながら、拡散したキャンパスではなかなか形成されるものではない。

そうかといって、彼は大学に否定的なわけではない。大学には図書館があって自由に利用できる。「夢みたいですね」といって嘆息した。そしてもうひとつ、教授からじかに指導してもらえるし、友人関係もひろくなる。

大学がいいか、独学がいいか、結果はおかれた環境にどれだけ沈潜したかによってあらわれる。おそらく、後藤さんの博覧強記は、小卒のコンプレックスと身体障がいのハンディをバネにして形成されたものであろう。その不屈の精神は、学校から疎外されたひとたちや身体障がい者ばかりか、わたしたちへも励ましを与えている。

4

センターは後藤さんにとって、「あらゆるものの出発点だった」という。ここで獲得した「何か」を、抽象的なことばで表現することは一生できないだろう、とも彼は書いている。「技能を身につけた」(役に立たなかったが)、「生活した」「友だちと会った」などという日常性を、はるかに超えたもののようだ。

六四年から六五年にかけて、ここで起こった闘争も、「何か」の中でかなりの比重を占めているようである。

身体障がい者の機能回復のための外科手術を制限する、というセンターの方針をめぐって、厚生省への坐り込み闘争にまで発展したうねりの中で、彼は記録係として全精力を傾けた。

センター本館で、庶務課長を吊しあげたときのことを、彼はこう書いている。

「『うるさいな脅迫するのか？』

『脅迫とは何です？　こんな事態にしたのはだれの責任です？』

田原をとりかこんだ人数のなかには私もいた。〝脅迫〟という田原のことばを聞いたとき、私の頭を瞬間的にかすめたのは、田原が警察を呼ぶかも知れないということだった。それならいっそのことこいつの頭を一つぶん殴ってわざと逮捕されてやろうかとも思った。坐り込みの前日か前々日に私と妻は次のような問答をかわしたことがあった。

『もし警察が介入してきたら、おれはわざとあばれて逮捕されてやるかも知れないよ』

『いいわよ、そしたらわたしは外で報道陣やなんかにぎゃあぎゃあ騒ぎたてて、できるったけ事を大きくしてあげるから』

そんな冗談が現実になりそうな雰囲気だった。私は右手のステッキで思いっきり床を打ち叩いた。私のそばにいただれかが松葉杖で力まかせに床を打ち叩いた。田原の顔が見るみる蒼ざめた」

足かけ二年にわたって継続され、厚生省次官の出席もひきだした、障がい者自身による闘争の記録が、これまで何度か引用した『私的障害者運動史』である。

逮捕は覚悟のうえ。それも逮捕されてやろうかといったようなアナーキーな心情をもふくみこんでいた。闘争の末期のころには、集会の席上で手をあげて発言できるようになっていた。この闘争が厚生省高官の手慣れたごまかしによって終熄したあと、彼は翻訳の仕事に打ちこむことになる。

身体障がい者がはたらくことについて、障がい者内部に批判もある。はたらけない身体障がい者をも「社会的な存在」として認めさせようとする理論によるもので、はたらいていたにしても、「社会復帰」という名のもとに、飢餓賃金を押しつけられる現実を反映している。だから、彼自身、いまやひと一倍はたらく能力をもってしまったことにたいして、悩みを感じないわけではない、と述懐する。

しかし、わたしはもっとおおらかに考えていいのではないかと思う。はたらけない身体障がい者を切り捨てる社会は問題とはいえ、はたらけるものははたらくことによって自己実現を獲得できるし、運動もひろがるからである。

ひるがえって考えれば、わたしたちのまわりには重度の身体障がい者はほとんど目につかない。施設や養護学校に隔離されているからで、社会のつくりが彼らを受け入れるようにはつくられていないからである。

あるとき、わたしは、身体障がい者をふくめて「現在の労働について」といったようなテーマで話し合ったことがある。出席した脳性マヒの女性は、長い時間をかけて、もうじき成人式を迎えれば、施設に入れられる。両親は冗談に「廃人式」だといっているが、どうせならわたしは俳人になりたい、と発言した。

それをきいて、わたしは思わず笑ってしまったのだが、発音可能な言葉を選び抜いて語られる鋭いブラックユーモアは、彼女たちにさほど珍しいものではない。差別の根源にあって、自分をも貫き通す透徹した視線を、身体障がい者に感じることがある。

そのことについて、後藤さんは対話形式の自著『逆光の中の障害者たち』(千書房)の中で、登場人物にこう語らせている。

「いまの世の中で、社会のいろんな枠組みの外側からほんとうに自由に観察したり批判したりできるのは、いい意味での障害者的な要素を自分のなかにどこかに持った人たちだけなんじゃないかしら？」

5

センター闘争のあと、しばらく運動から離れていた後藤さんは、いま、「障害児を普通学級へ・全国連絡会」の世話人としての活動をつづけている。

心身のいずれかに障がいがある、というだけで、「特殊学級」や「養護学校」に入れられることほど、障がい児の自尊心を傷つけるものはない。人間だれでも仲間はずれにされたくない。向学心に燃えながら、ついに中学入学を断念させられた口惜しい体験を、後藤さんはみんなおなじ学校で机をならべて学ぶべきだ、として実践活動で表現しているのである。

学校は、障がい児を受け入れたがらない。邪魔くさいばかりで、面倒みきれない、と考えるからである。教育の機会均等といっても、教師の労働量がふえるし、なにか事故があっては困る。それで障がい児をまとめて養護学校に送りこむことに賛成する。

しかし、子どもたちにとっては、近所の子どもたちと一緒にちかくの学校に通うのがごく自然のことである。身体障がい児だからといって、身体が不自由なのに、遠くの学校へいく必要はない。そこには「設備」は整っているかもしれないが、そのくらいのことなら地域の学校でできないことはない。

身体障がい児を分離・隔離するからこそ、子どもたちはごくたまに出会った身体障がい者を別世界の人間のようにみて差別する。子どものころから身体障がい者と一緒に暮らすことのほうが、世の中にはいろんな人間がいることを知り、助けあったり、手を貸したりすることの必要性を学ぶことになる。そっちのほうがより自然で、はるかに人間的な社会といえる。

身体障がい者をみかけたりすると、わたしはそのむこうにある、ベルトコンベアを思い起こす。極限のスピードに追いたてられるこの労働は、現代の競争社会の象徴である。コンベア労働に生き残れるのは、心身ともにきわめて健康にして、耐久力にすぐれたものだけである。病弱者や身体障がい者は、体力検査によってはじめから除外される。関門を通過しても、スピードについていけなかったり、病気になったり、精神的なバランスを崩したりしたものは去っていく。

ベルトコンベア労働は、生き残ったものだけの世界のことである。身体障がい者を排除している世界と身体障がい者だけの世界、人間社会がこのふたつに画然と二分されているとしたなら、きわめて歪《いび》つな世界像といえる。

6

一九八五年一月、札幌で開催された日教組の教研集会の期間中、障がい者運動にたずさわるものたちの「自主教研」があったので、わたしも参加した。

ある母親の発言がわたしの心を捉えた。それは知恵おくれの子をもつ母親のものだった。普通学級にいっているわが子が、たとえ毎回、零点の答案用紙を持ち帰ったとしても、それはけっしてゼロなのではない。なにがしかの知識と感情が培《つち》かわれたと喜んでいる、といったのだ。

零点ならゼロ、とつい考えがちだが、答案にはいりきれない喜びについて、わたしは無知だったことに気づかされた。たとえ、テストが零点つづきであったにしても、子どもの世界の中にいて、協力してもらったり、たまにはいじめられたり、あるいは彼の必死の奮闘が共感を呼んだりしているほうが、みせしめ的な分離・隔離が子どもの心に与える屈辱や被差別感よりも、はるかに教育的である。

「障がい児を普通学級へ」の運動の先頭に立った金井康治君のような闘争が必要とされる。そしてどうにか入学させたあとでも、まいにち介助に通う母親の筆舌に尽くしがたい労苦がある。学校の努力によってではなく、全国的な母親の決意と犠牲によって、ようやく障がい児が普通学校に通える、というのは、心寒いかぎりである。

後藤さんが金井君の運動にかかわったのは、前にも書いたように、自分の経験から、ごく当り前に地域で生きる人間関係をつくってあげたかったからだ、という。彼の場合は、家の中に閉じ込もることによって障害は悪化した。東京に出てきてようやく世界がひらかれた。しかし、歩き、しゃべれるようになったのは、センターで体操をやったりしたからではない。社会の中で仕事をし、生活するようになったからである。

だから、閉鎖的な養護学校にいて、たとえ設備が恵まれていたにせよ、そこでの訓練は、さほど期待をもてるものではない。

金井康治君の裁判を担当している大谷恭子弁護士は、教育基本法の第五条に「男女共学」が打ちだされているのは、この社会が男と女で成立するというのが前提である以上、男も女も障がい児も健常児もぜんぶ一緒に教育を受けるのが教育の理念にかなっている、と主張している。

まして、憲法には、すべての児童が「普通教育を受ける権利を有する」とある。学校が障がい児を受け入れるための、人的・物的設備が足りないというのなら、教師や生徒の協力などの人的関係によっておぎなえばいい、それこそが教育の場である、と大谷さんは主張している。


わたしは後藤さんに、「これからどんなことをしたいのですか」とたずねた。

彼は、目を輝かすようにして、翻訳もしたいし、小説も書きたいし、運動もしたいし、日本史の研究もしたい、と語った。十数年間、家の中に閉じこめられての損失が大きかった。だから、社会の中ではたらいていたい、という。

この後藤さんの明るさを、身体障がい者の中でも才能に恵まれたものの明るさ、といいきってしまうことはできない。それは二十数年の絶望をくぐりぬけたあと、彼自身の奮闘によって切り拓かれたものだからである。

後藤安彦（本名　二日市安）　一九二九年兵庫県西宮市生まれ。脳性マヒのため、旧制中学への受験を拒否される。独学で数カ国の言語を身につけ、翻訳家となる。障がい者運動にも参加。膨大な推理小説の翻訳がある。主な著書に『私的障害者運動史』『逆光の中の障害者たち』『猫と車イス　思い出の仁木悦子』など。二〇〇八年二月没。

2　反戦平和への希求

沖縄からの風──大田昌秀

1

指笛が鋭く鳴った。

紙吹雪が舞い、拍手が捲き起こった。

玄関からエレベーターホールまで、職員たちの人垣でつくられた花道を、花束を抱えた大田《おおた》昌秀《まさひで》新知事が歩いて行った。

が、先を争うカメラマンたちに取り囲まれていて、その表情はみえなかった。

一瞬の興奮が通り抜けたあと、まだまあたらしい沖縄県庁舎の床のうえに、さまざまな色のこまかな紙片が、ひろく敷かれていた。前任者の西銘《にしめ》順治《じゅんじ》知事は、東京、大阪につぐ、巨大なスペースの県庁舎を建てて去った。

沖縄の風土に似合わない、ひとを拒絶するような城塞をつくらせた権勢欲が、彼を知事の座から引きおろす引き金になったのかもしれない。

その日、一九九〇年一二月一〇日、沖縄で一二年ぶりの革新県政が誕生した。どうして、沖縄に革新知事がよみがえったのか、わたしは本人に聞いてみたかった。

午前九時、紙吹雪を浴びて初登庁した大田知事は、その日で退任する副知事から事務の引き継ぎを受けたあと、臨時庁議を主宰した。会議室の円卓に坐った各部局長たちは、緊張した表情で、保守派の知事を破ってあらわれた新知事を迎えた。

そのあとの合同記者会見を終わらせ、大田新知事はようやくいま、はじめて知事室に身を落ち着けたばかりである。

肘掛け椅子が左右に長い列をつくっている応接セットの中央に、ぎこちなく坐った、生まれたてホカホカの知事は、六五歳よりは若い感じだ。眉が濃く目が大きい。沖縄的な少壮学者の風貌である。

——どうして、また革新知事が誕生できた、と考えますか。

「よく沖縄のひとたちはバランス感覚に富んでいるといわれますけどね。屋良《やら》革新県政が一九六八年に誕生してから一〇年間つづいて（屋良氏二期八年、後任の平良《たいら》氏、二年で病気辞任）、それから保守県政が一二年、もうそろそろ代えどきだというのが一般の動きで、かならずしも、革新が勝利を収めたっていうこともいえないんじゃないか、まあ、いえるかもしれないけれど」

——冷静なご分析で……。

「いやいや（笑い）、そういう見方も成り立つんじゃないかと思います。ただ、情勢が、やはりこれだけの軍事基地がありますとね、基地をなんとかしたいと、恩納村《おんなそん》みたいに国際的な観光地を志向しているところに、米軍のゲリラ訓練場ができるとかですね、そういった施設にたいしては、きわめて保守的なひとたちでさえも、反対する客観状況っていうのが、基地の問題についてはきちっと解決したいっていう、わたしたちの主張に共感したんじゃないですかね」

恩納村は保守派の牙城だった。が、ここから大田派後援会の女性支部長が出現した。おりしもでてきた「国連平和協力法案」が、県民のほとんどが遺族といわれる悲惨な戦争体験をもつ沖縄のひとたちを奮い立たせたのだが、とりわけ女性の反戦意識を刺激した。

もうひとつ挙げたのが、「県政の私物化」だった。

大田さんは、具体的な指摘を避けたが、県民の批判の対象になっていたのは、黒川紀章に設計させた二一五億円にものぼる新庁舎(金額で全国第五位)の建設であり、さらに長男を衆議院選に出馬させて落選、三男を県議にだして当選させた西銘知事の公私混同ぶりである。わずか三万票の票差とはいえ、四選に挑戦した前知事は、落ちるべくして落ちた、といえる。

2

大田候補は「基地撤廃」を敢然と掲げて遊説した。沖縄社会史の研究家として『総史沖縄戦』や戦後の米軍支配を跡づけた『沖縄の帝王　高等弁務官』などの著書をもつ本人にとって、それは島の平和のためばかりか、沖縄の民衆意識の自立にむかう必然でもあった。

「不労所得ですからね、基地収入というのは。軍事地主の子どもたちのあいだに、勤労を厭うようなムードが浸透していることを、たとえばタクシーの運転手さんたちからきかされて、ハッと胸をつかれる想いがしまして、それでいちばん基地に依存している地域にいきまして、そんな生活はもう清算したほうがいいんじゃないかって。わたしは票が減って落選してもかまいません、しかし、みなさんの子どものことを考えてください、と訴えたわけです。どうしてもいわなくちゃならない、と考えていましたから」

沖縄の革新はこれまで、基地撤去をスローガンとしては掲げてきた。が、それだけだった。大田さんはそれを県政の最大の課題として取り組む、という。もうひとつの公約は、老人福祉と離島の医療施設の充実である。彼はそのふたつを結びつけて考えている。

在日米軍の兵隊ひとりを養うのに、年間七〇〇万円の税金が使われている、との計算がある。とすれば、沖縄の労働者の年収の四倍、つまり四人分が支払われている。その資金があれば、福祉の問題は解決できる。それが新知事の理想であり、かつ現実論でもある。アメリカ留学とそこでの教授生活でつくった人脈にも自信がある。

これから東京へいって、アマコスト駐日米大使と会いその意向をつたえる、という。アメリカ世論工作のためにワシントンに県庁の出張所を置き、知事部局にアメリカ人を採用して、沖縄の基地の実態を報告させる、という構想もある。

沖縄は第二次大戦中、本土防衛の防波堤として全島戦場とされ、いまなお在日米軍基地の七五パーセントを占めている。比喩としてではなく、実際に市民の日常生活の上を砲弾が飛びかっているのだが、基地撤去を県政の課題に掲げた知事の出現は、日本人が忘れたフリをしていた「沖縄問題」が、もう一度たちあらわれたことを示している。

3

一九四五年八月、二〇歳になったばかりの大田さんは、鉄血勤皇師範隊の一員として、摩文仁《まぶに》ケ丘《おか》にいた。沖縄師範の学生だったのだが、沖縄守備軍司令部に動員された学徒兵だった。

情報部が受信した「大本営発表」のニュースを、地元住民の壕をまわってつたえ歩くのが任務だった。が、戦果の発表は目《ま》のあたりにする戦況とはあまりにもかけ離れていた。周囲は完全に米軍によって包囲されていた。彼は隙をついて米兵のテントに接近し、手榴弾を放りこんで食糧を奪ってくる、敗残兵のひとりにすぎなかった。

ある日、大田さんは缶詰と一冊の英文の雑誌を拾ってきた。英語は読めなかったが、本に飢えていた。一緒に身を潜めていた白井兵長は、彼がもってきた『LIFE』に目をとめ、むさぼり読んでいた。

どこか女性的な感じの白井は、みんなから軟弱さを軽蔑されていた。いつもウェブスターの辞書を手放さなかった。痩せさらばえた裸に、白い晒《さらし》の腹巻を巻きつけていた彼は、声をひそめて大田さんにささやいた。

「日本は降伏したよ」

そしてつけ加えた。

「絶対にひとにいってはいけない。いうとふたりとも殺されます」

「こんなの読めていいですね」

大田さんは敗戦の報らせよりも、生死にかかわる情報を読み取る学問の恐ろしさを感じていた。自分の無知を痛感させられたのだった。

「もしも生き延びることができたなら、キミも東京にきて英語を勉強しなさい」

彼は東京文理大（現筑波大学）の英文科の出身だった。その一言が、大田さんの向学心を決定づけた。

そのだいぶ前、岬を遠く取り巻いて浮かんでいる米軍の艦隊から、一斉に号砲が轟きわたったことがあった。特攻隊が反撃に転じた、とみんなで喜びあったのだが、なにごともなかった。敵軍の勝利の祝砲だったのだ。

食糧を探すために、大田さんは丘をよじのぼっていった。と、目の前に、コンクリートで表面を覆われた等身大の二基の墓が横たわっていた。自決した牛島司令官と副官のものだった。木の枝を切って、蔓で結んだ十字架が立てられてある。米兵がつくって供えたものであろう。彼はそれをみて感動した。戦場で敵味方を超える人間愛をみせつけられる想いがした。

が、よくみると、無惨にも短剣が突きたてられ、生乾きのコンクリートの横に落書の跡があった。ＧＯＤＤＡＭＮＥＤ《ガッデム》（くたばれ！）とＧＯ　ＴＯ　ＨＥＬＬ（地獄に堕ちろ）。そのときの大田さんには読めなかったが、乱暴な筆蹟で刻まれたその綴りは、いまなお鮮明に脳裏に焼きついている。それが戦争の姿だった。

砲弾の破片を受けて、大田さんは足を負傷していた。戦場を隠れるようにひとり彷徨《さまよ》ったあげく、崖っぷちの自然壕にたどりついた。なかには数人の友軍兵士が息をひそめていた。疑わしそうなまなざしを投げつけてきた指揮官が、突然、ピストルを突きつけてわめいた。

「貴様、スパイだろう」

恐怖よりも、屈辱にふるえた。自分を無にして守備隊とともに戦ってきたのだ。幸いなことに、彼は情報参謀が発行した通行証をもっていた。もしそれがなかったなら、多くの同胞たちのように、スパイとして射殺されていたのはまちがいない。

「ヤマトンチュにたいする不信、というのはありませんか」

とわたしはきいた。

「いや、それもありますけどね、それよりも、本土の兵隊同士、簡単に殺し合っていましたから。ちょっとした食糧を奪いあうため、毎日のように」

沖縄の敗戦は六月二三日だった。大田さんが米軍に投降したのは、一〇月二三日である。ちかくにいた敗残兵とともに、トラックに積み込まれて、金武《きん》町の屋嘉《やか》捕虜収容所に送られた。一二〇人いた大田さんの同期生のうち、生き残ったのは三〇人たらず、皇民化教育の恐ろしさを痛感させられた。

戦後の自分の人生は、学友たちの「血で購われたもの」との意識が強い。

その後、地元の琉球大学で沖縄戦の研究に取り組んできたのは、その想いからであり、知事選に出馬したのも、そのためであった。

「よくわたしの友人なんかいいますよ。お前はいつも自分だけ幸せになってはいけない、といいつづけていたってね。沖縄の革新陣営が壊滅状態になったら、これはもう沖縄問題のおしまいです。どんな非難、中傷、謀略ビラでたたかれようと、摩文仁の戦場にもどったつもりでやれば、乗り切っていけます」

大田さんは、知事の顔になった。

4

大田県政は少数与党である。支持政党は社、公、共、社会大衆党の四党だが、四七議席のうち、革新系無所属をふくめても、自民など保守系に三議席たりない。

そのためもあって、就任当初の三役人事では、全国ではじめて女性歯科医を副知事に起用したのだが、自民党などの野党に拒否され、波乱ぶくみのスタートとなった。女性副知事の登用は、女性の地位向上のためばかりか、老人や身体障がい者や、離島の医療を充実させたい、とする新政権の福祉政策の重要な柱だっただけに、意趣返しの野党の露骨な挑戦といえる。

もうひとつの重要課題は、新石垣空港の建設問題である。建設予定地周辺のサンゴ礁は、わたしも覗いてみたことがあるが、世界有数の規模とされている。開発か自然保護かをめぐる論争は、島内ばかりか、IUCN(国際自然保護連合)などをまきこんだ、国際的な問題にまで発展している。

初登庁の日の記者会見でも、この問題についての質問が多くだされた。知事は「慎重に検討したい」とだけ答えていた。

「わたしは社会のマイノリティをマジョリティが強引にいうことをきかして、なんでもコトをはこぶことを批判しつづけてきたわけです。本土と沖縄の対応関係もそうです。

（建設推進の）石垣全体の郡民の気持ちはわかりますけど、地元の白保《しらほ》のひとたちが少数だからといって、強引にやることには疑問があります。白保にはできない、という見通しがわたしにはあります」

沖縄はいま本土大資本のリゾート開発の激浪にさらされ、計画面積は二万六〇〇〇ヘクタール。もしもその全部が実現したとすれば、基地面積を超える。

「沖縄の自然が豊かだからこそ、観光客を誘致できるわけであって、その沖縄のかけがえのない自然を破壊してしまったら、もう沖縄は沖縄でなくなってしまうでしょう。水や下水道、廃棄物の処理などの対応策がとられなければ、リゾートそのものが地域社会を破壊しかねませんからね。たとえば、監視区域での土地売買の届け出面積をひきさげるとか、関係部局のひとたちと相談して、規制策を考えます」

開発推進者たちが使う論理に、「イモハダシ論」がある。いつまでも芋と裸足の貧しい生活でいいのか、と恫喝すると、反対派は「イモハダシ」で結構、と切り返してきた。いま問われているのは、第三の道である。

「もっともっと知恵をしぼっていけば、イモハダシ論に極端化する必要はないんですね。いま沖縄にいちばん欠けているのは、自立心です。自分たちで自分たちの生活をつくっていこうとするのではなく、中央政府の財政投融資に極端なかたちで頼りきっているんですね。基地問題もまったくおなじで、急に返された場合にどうなるか、予算をとれないと沖縄経済はだめになるとか、『太いパイプ論』ですが、自立心がすっかり根こそぎにされている状態ですからね」

——新県政は、精神改造運動でもあるわけですね。

「一六世紀の琉球王国は、せいぜい人口二〇万で、僻地にあってあれだけの文化をつくったわけですから。いまは国際化がすすみ、交通が発達し、高学歴、技術の進歩をなしとげながら、むしろ自立の気概がない。それがいちばん怖い。選挙期間中も、一六世紀の話ばかりして、講義では選挙はたたかえない、とおこられていました」

いま首里《しゅり》城は復元されつつある。赤瓦の屋根が緑に囲まれている文化の香りのある街にする、不発弾や人骨が残っている竜潭《りゅうたん》の池《いけ》を浚渫して昔の面影をとりもどす、円覚寺《えんかくじ》も復元したい。かつてこのあたりには、二三の国宝級の建築物があった。

大田さんが考えているのは、首里城の復元だけではない。かつて、そこの地下に一〇〇〇人の兵隊が潜んでいた、沖縄守備軍司令部の跡を発掘して、戦争博物館にしたい。祖先の文化の遺産と沖縄戦の悲劇が二重の構造としてある、その地上と地下の歴史を再現して県政の原点としたいようである。

5

米軍基地、石垣新空港、そしてリゾート開発のラッシュ。いまなお、アメリカ軍と本土資本進出の矛盾が残存・凝縮している沖縄に、「沖縄独自の文化」をスローガンに掲げた知事があらわれた。

たしかにデタント（緊張緩和）と自然保護の時代を迎えてはいるものの、議会内少数派として知事の基盤は弱い。政治の力関係を無視した主張は、やがてドン・キホーテの誹《そし》りを招かないともかぎらない。どこか悲劇の政治家ゴルバチョフの風貌を思わせる当人は、それも先刻承知の様子である。

アメリカに留学していたころ、黒人解放運動の昂揚期を迎えていた。彼はテレビにかじりつくようにして、マーチン・ルーサー・キングの演説をきいた。

「わたしには夢がある」

そのフレーズが、大田さんに力を与えた。復帰前の沖縄の壁だらけのどうしようもない状況を考えると、アメリカで民主主義や政治学の勉強をしていてもなんの役にもたたない、との絶望感にとらわれた。キング師はやがて凶弾に倒れる。それでも、夢をもっていないとみずからも解放されない、と大田さんはあとから教えられたのだった。

子どものころ、久米島《くめじま》の生家の居間から、遠い水平線を眺めていた。海のむこうに幸せがある、というのは、沖縄のニライカナイ信仰だが、一歳のときにブラジルへ出稼ぎに出た父親からの、仕送りは途絶えていた。むしろ、出稼ぎの旅費が金利のかさむ借金として残っていた。

母親のカメさんが畑を守り、給食婦としてはたらいて子どもたちを育てていた。牛と馬と山羊をあつかうのは、大田さんの仕事だった。高等小学校を卒業すると、母校の用務員にしてもらった。自分よりも成績の悪い同期生たちが、本島の中学校に合格して島を出ていくのを眺めていた。

大きな鈴を両手でふって、始業の合図をしなければならなかった。それが恥ずかしかった。それと校長室や職員室の掃除。母親を助けるためには仕方がなかった。長兄は戦死、五歳上の次兄は、嘉手納《かでな》の農林学校にはいっていた。母親はその費用もつくらなければならなかった。

「わたしの〝女性教〟ってのは、女親がずっと苦労してきたのをみているもんですから、女性も男性とおなじように幸せになってもいいんじゃないかっていう気持ち……。父親の苦労はみてないですけど(笑い)」

沖縄では、女性が守護神である。

島のひとたちとブラジルへ渡っていた父親が沖縄に帰ってきたのは、彼が二八歳、早稲田大学の三年生のときだった。月謝免除で沖縄師範にはいり、そのあと米軍の資金で早稲田にはいった。そのころ日留《にちりゅう》(日本留学)とよばれていた制度だった。留学生仲間の種田クンと大学のそばの下宿で暮らしていた。

一九五二年、警官隊が導入される「早大事件」が発生した。「ぼくらは戦争で勉強できなかったのだから、社会変革はゆっくり勉強してからやろう」という彼にたいして、「お前は勇気がないからだ。沖縄の現状に目をつぶっておられるか」と、種田クンは敢然と総長室にとびこみ逮捕された。

除籍処分になると、沖縄へ強制送還される。食事を分けあって食べていた仲間だった。種田クンは彼に気がねしてか、下宿を出てあちこち逃げまわった挙句、まもなく身体をこわして急死した。

「お前は沖縄のことを思わないのか」

との彼の問いかけが、いまなお重く心に残っている。

早大事件のとき、警棒で学生たちを殴りつける警官隊に、身体をふるわせながら抗議していた白田クンは、「真白き炎」という詩を残して、北海道の山中で自死した。朝鮮戦争と再軍備を迎えた時代の友人たちの死だった。沖縄戦では、多くの友人たちが目の前で倒れていった。死体の山をかきわけて生きてきた、ともいえる。彼に玄米を詰めた靴下と一本の鰹節を渡して、米軍に斬り込んでいった新城クンもいる。

摩文仁の戦場で若い命を断った学友たちへの想いが、大田県政の原点にある。死者もふくめての「共生《きょうせい》」が沖縄の思想だが、その思想は東南アジアのひとびととも結びつく。アジア平和国際研究所もつくりたい、と夢がある。

平和、女性、自然、自立、そして共生。それが新沖縄県政のキーワードである。戦後の初心でもある。アジアにむかう最先端の地での実践が、繁栄ボケした中央の政治に、あたらしい風を吹きこもうとしている。

大田昌秀　一九二五年六月沖縄県久米島に生まれる。沖縄師範学校の在学中に、米軍と戦う「鉄血勤皇隊」に動員されたが、九死に一生を得る。米国留学後、琉球大学にて沖縄社会論や沖縄戦研究に従事。九〇年一一月、琉球大学教授を辞して沖縄県知事選に立候補して当選。米軍基地の返還に取り組み、米軍から強制収容された「軍用地」の代理署名を拒否する。九八年、自民などが推した稲嶺恵一に敗れる。後に参議院議員(社民党)を一期。主な著書『総史沖縄戦』『醜い日本人　日本の沖縄意識』『沖縄平和の礎』など。

米軍から村をとりかえす——山内徳信

1

長く延びた沖縄本島のほぼまん中、ちょうどくびれたあたり。半農半漁で暮らしてきた読谷村《よみたんそん》に米軍が上陸したのは、一九四五年四月一日。日本の無条件降伏の四カ月半も前だった。押し寄せた艦隊によって、東シナ海に臨む村の沖合は真っ黒になっていた、と伝えられている。

「鉄の暴風」といわれた艦砲射撃と数千におよぶ艦載機の猛攻によって、上陸予定地は破壊しつくされ、米兵が拍子抜けするほど静まり返っていた。

そのすこし前、海岸線からすこし離れた鍾乳洞（チビチリガマ）に潜んでいた村民八二名は、「集団死」を遂げた。被害者の半数が一二歳以下の少年少女だった。当時、九歳だった山内徳信《やまうちとくしん》は、本島北部の国頭《くにがみ》郡辺土名《へとな》の山中に疎開していて難を逃れた。生と死の境界線は気まぐれに引かれる。

祖父母もふくめて、山内一家八人がアメリカ軍の捕虜になるのは、八月も下旬になってからである。桃原《とうばる》の収容所にいれられた。けれども、その夜、脱出した。海岸に米兵が残飯を捨てにきていた。両手で握れるほどの丸身の牛肉が転がっていた。海水で洗って口にいれると、ソテツ地獄で衰えた身体は受けつけず、猛烈な下痢となった。

いま、読谷村長となった山内徳信は、「護憲村長」「反戦村長」として知られている。自治体の長でありながら、つねに米軍の前に身をさらしてきた。この村は、一九八七年、沖縄国体のとき、村でちいさなスーパーマーケットを経営していた知花昌一《ちばなしょういち》さんの「日の丸焼却事件」の舞台でもある。人口は市なみの三万三〇〇〇。それにしては古ぼけた、ちいさな村役場の村長室に、山内さんみずからが筆をふるった掛け軸が掲げられている。

「天皇又は摂政及び国務大臣、国会議員、裁判官その他の公務員は、この憲法を尊重し擁護する義務を負ふ」。日本国憲法第九九条である。それは応接セットの横の板壁にあって、村長と会談するためにやってきた来客は、嫌でもそれを読まざるをえない。

山内村長はこの条文を背にして、徒手空拳、村民の先頭に立ち、米軍基地の返還闘争をつづけてきた。村長室でのインタビューがはじまってすぐ、ごく自然なかたちで山内の口をついてでてきたのが、少年の日の戦争体験だった。

那覇市から北上する国道58号線は、普天間《ふてんま》、嘉手納《かでな》、読谷とつづく巨大な米軍飛行場のあいだを、くぐり抜けるようにしてすすむ。一九四六年一一月、山内家など村のひとたちが帰村を許されるまで、そのあたりは一〇〇パーセント、米軍基地だった。

2

占領軍から居住を許されたごくわずかな焼け跡に、村の建設隊が角材をたてて小舎《こや》をつくった。その後の読谷村の復興とは、基地解放の歴史そのものだった。

山内さんが村長に就任した一九七四年当時、村の面積の実に七三パーセントが米軍基地だった。いまは四七パーセント。「基地の島」とも呼ばれる沖縄本島の全体では二〇パーセントである。本島での米軍最初の上陸地点となった読谷村と隣りの嘉手納町（八三パーセント）は、いまなお占領状態ともいえる。

中学校は、茅葺きの「馬小屋」校舎だった。机と腰掛けがわりに、丸太が地面に打ち込まれていた。いまでも、山内さんの小柄な体軀に敏捷さがみなぎっているのは、陸上の選手だったなごりである。ズック靴さえ履けない裸足のランナーだった。が、それでも学校の代表選手だった。

ある日、まだ二〇代の担任だった新崎先生が、彼を校庭のまん中に呼びだし、涙ながらに諭した。米軍のゴミ捨て場を徘徊している少年たちの姿に、沖縄の将来を憂慮していたのであろう。新崎は彼に高校へ進学することを強くすすめた。

「落ちるかもしれないが、とにかく受験してみなさい。陸上をつづけるためにも、高校へは進学したほうがいい」

担任教師は、長距離ランナーをつくりだすために、進学をすすめたわけではない。いまはスポーツに熱中しているが、少年の瞳の輝きに、沖縄の未来を託したかったのかもしれない。

高校にはいって、山内さんははじめて「日本国憲法」と出会う。

「衝撃的といってもいいのかもしれません。それは一生涯忘れることのできない、感動的な出会いでした。高校にはいって、はじめて憲法があることを知ったんです。一九五一年ですよ」

椅子の肘掛けにおいた右腕をたて、前後にゆすった。少年の日の興奮がよみがえったのであろう。

米軍上陸の三日前。三月二九日、本島北部へ避難しなかったひとたちは、部落の鍾乳洞に隠れていた。洞の上部と入口に爆弾が落下した。同級生や友人たち三七名が圧死した。のしかかっていた巨大な岩石がクレーンでもちあげられ、遺骨が回収されたのは、七二年五月の「本土復帰」から、しばらくしてからのことである。

そのひとたちのことをひとときも忘れてはいけない、と山内少年は心に誓っていた。その決意と憲法の平和主義とが、あたかも火花を散らしたかのようにして、出会ったのだった。

琉球大学の史学科を卒業して、故郷の読谷高校へ赴任した。五八年四月のことである。

地理の教師だったが、彼はことあるごとに、郷里の後輩たちにむかって憲法の精神を説いた。平和主義、基本的人権、主権在民、地方自治。それを実行するのは、死者たちとの約束だった。

「元気もんで、いつも生徒と一緒に走っていました。アメリカの布令・布告がすべてを支配していたときなのに、日本の憲法を熱っぽく語る、一風変わった先生でした。基地のまん中にある村で、民家がブルドーザーで押しつぶされて火を放たれたり、爺さんが縄で縛られてひきずりだされたり。子どもが虐殺されても、犯人の米兵が無罪になる時代でしたから、基本的人権についても強調されていました」

教え子のひとりで、いま高校教師をしている浜元朝雄《はまもとあさお》さんが、思いだしていった。

六六年の新潟での日教組の教研集会に、浜元さんは山内さんとともにオブザーバーとして参加した。まだ、米軍からパスポートをもらって、本土に渡航する時代だった。

山内さんは「基地の中の高校生」というテーマで報告した。女子生徒に、米兵と同棲する子もいたころである。教研集会が終わったあとも、各地をまわって沖縄の実情を訴えて歩いた。日教組は「沖縄返還」をスローガンにいれた。

それ以前にも、読谷村の出身者として、琉球政府初代の公選主席、そして知事となる屋良朝苗《やらちょうびょう》も、教師として沖縄の状況を訴えていた。沖縄教職員会は、喜屋武真栄《きやんしんえい》、福地曠昭《ふくちひろあき》など、復帰運動の代表的人物を生みだしたが、山内さんは現場の一教師として、べトナム反戦運動や基地撤去の実力闘争に身を挺して参加していた。

3

読谷村は、国道周辺の市街地、それと整然と区画整理された農村部、そして漁港やリゾートホテルのある海岸部と、一筋縄ではいかない素顔をもっている。嘉手納基地につづく弾薬庫、二〇〇〇メートル滑走路の飛行場、鳥居型のゲートをもつ通信施設、「象の檻」とよばれる巨大なケージ(鳥籠)型の防諜用アンテナなど、いくつかの軍事施設が、村の中心部を占めている。

「象の檻」のまわりがサトウキビ畑になっていて、そのすぐそばを通り抜けられるのは、驚くべきことだ。というのも、青森県の三沢基地の中にある象の檻に接近して写真を撮っただけで、わたしは警護していたふたりの自衛隊員に駆け寄られている。が、ここでは、基地内での耕作が黙認されているばかりか、村立の総合福祉センター、伝統工芸センター、勤労者体育センター、それに野球場や運動広場、駐車場まで建設されている。基地との共存、というよりは、むしろ、村の施設が基地を蚕食しているともいえる。

かつて、ベトナム戦争が激化していたころ、パラシュートをつけたトレーラーが民家に落下、小学四年の女子児童を圧死させる事件が発生している。いまは、降下目標地点をはずれて米兵が降下しようものなら、たちどころに村民が取りまき、村長も駈けつけ前面に出て糾弾するので、逆に米軍が村や県に抗議したりする。おなじ米軍基地に囲まれながらも、三沢市が無能なのか、それとも読谷村がすすみすぎているのか。

読谷村のイメージは、「獅子身中の虫」、いわば「反戦運動」の拠点であり、高校の卒業式で、女子生徒が壇上の日の丸を引きずりおろしたり（一九八七年三月）、国体会場の日の丸が外されて火を放たれたり（一九八七年一〇月）、さらには、集団自決の現場となったチビチリガマの入口につくられた、「平和の像」が右翼によって破壊される（一九八七年一一月）など、いわば左右の突出した行動として物議を醸している。

しかし、この村を訪れてはじめて知らされたのは、一五世紀に建設された座喜味城《ざきみじょう》の曲線の美しい城壁を再建し、歴史民俗資料館や美術館などを建設し、人間国宝と認定される陶工・金城次郎《きんじょうじろう》さんを招聘して「焼き物《ヤキムン》の里」をつくり、読谷村花織を復元して織り手を養成、国道沿いに共同販売センターをだすなど、着実で、多様な村づくりの姿だった。

チビチリガマに「平和の像」をつくった彫刻家の金城実《きんじょうみのる》さんは、実はわたしの友人なのだが、兵庫県西宮の高校教師を退職して、一年前からこの村に移り住んだ。

「読谷村が、こんごの日本の政治、経済、文化を決定する村だと考えたからです。基地をなくしてもメシを食える。そのための農業、漁業、工芸などを育成する、自立のためのさまざまな努力は成功しています」

と金城さんはいう。二〇〇〇メートルの滑走路を返還させ、その跡に、高さ四メートル、長さ一〇〇メートルのレリーフを一〇年がかりでつくる、というのが、彼の夢である(これは一〇年後に実現され、お祝いにわたしも駆けつけた)。

山内さんが、読谷村長に就任したのは、七四年七月。復帰二年目、三九歳だった。こととしで五期目を終え、六期目を迎える。

前村長は、アスファルト工場を誘致し、住民の反公害闘争に阻まれて辞任した。村の反戦地主会の事務局長であり、反公害闘争の急先鋒だった山内さんは、村の青年たちと革新陣営から出馬を懇願されたが、固辞していた。万年教師で一生を終えたい、というのが夢だった。

それに両親や兄弟は、五男が選挙にでる騒ぎによって、村の和を乱す張本人になるのを心配していた。父親は半農半漁で、七男一女と祖父母の一二人家族をささえてきた。引き潮になるとサバニ(クリ舟)をだして魚を獲《と》る。はたらきもので、大阪の鉄工所に出稼ぎにいったときには、五〇時間もぶっ通しではたらいていた、とは隣人だった山内清吉さんの証言である。

徳信少年も父親の漁の仕事を手伝い、よく陽《ひ》焼けしていた。部落の子どもたちでいちばん黒かった。きかん気で、父親に革バンドで殴られてもびくともしなかった。清吉さんによれば、屋良朝苗も村長選に出ることをすすめていた、という。

「社会が必要とするときに起て、と教えたのは、山内先生ではありませんか。地方自治は民主主義の学校、といったのは先生じゃなかったですか」

村の青年たちは、彼の立候補を迫った。そのひとりだった伊波《いは》栄徳《えいとく》県議によれば、山内さんはちょっと考えてくる、といって石垣島へ逃げだした。出馬させるべきか、それとも教師として活躍してもらうべきか、仲間の教師たちが三度の会議をひらいても、結論をだしきれなかった。

それを尻目に日ごとに村内の各地域で後援会がつくられ、本人の意思とは無関係に、総決起大会の日どりが決定された。

「わたしはその日の午前中、授業をやっていました。ところが総決起大会があるのに、本人が学校を辞めていないとおかしいことになるんですね。それで、校長先生にお願いして、教職員に集まってもらい、別れの挨拶をしました」

4

教室から役場へ、そこはおなじ人間の学校だ、と山内さんは考えている。学校でこれまで教えてきた平和と民主主義を、村民とともに実践しよう。それが初心だった。

「人間性豊かな環境・文化村」立候補のスローガンだった。いまはやりのコピーのようにもみえるが、二〇年まえ、列島改造ブームに浮かれていた時代を考えあわせれば、その政治哲学はたしかである。

爆発的なヤングパワーにひるんでか、ついに対立候補はあらわれず、結局、無投票当選となった。

ひとつ問いを発すれば、たちどころに答えが返ってくる。山内さんの話は整然として乱れず、あたかも口述筆記の如し、である。一日目のインタビューは、予定を超えて四時間以上におよんだが、彼は疲れた表情をみせなかった。政治家というよりは、やはり教師の風貌だが、熱弁はとどまることなく、カリスマ的でないでもない。

一九七六年夏、米海軍はサトウキビなどの耕作を黙認してきた基地内で、突如として対潜哨戒機部隊の通信アンテナの工事をはじめた。村当局が「遊休施設」とみなし、その跡地利用として、村役場や運動公園などの建設を計画していた地域だった。

山内さんは二日に一回、本土からきている建設労働者を説得するために現場にでかけ、そして二日に一回は、工事担当の米軍将校に談判するため、嘉手納基地に通った。面会がひと月もふた月もつづくと、相手を敬遠して会わなくなる。

事務所の入口で、将校がでてくるまで待った。「みじめだった」と山内さんは述懐する。が、金城実さんの証言によれば、テキの生理的現象を狙って、トイレの脇にたっていた、とか。でてくると、「工事はやめてほしい」「基地が強化されると永久に返ってこなくなる」と訴えた。

「そこまでいくと、アメリカ人とか日本人とかの恩讐を超えるんですね。彼が、在日米海軍の最高司令官が横須賀にいる。そのラッセル将軍に会ってこいよ。こっちからも電話をかけておくから、といってくれたんです」

横須賀にでかけた。が、将軍は不在だった。副官に会った。一カ月間工事は中止する、との回答をひきだした。だが、喜んだのも束の間、翌七七年二月、工事再開の話がつたわってきた。

村民は建設現場に坐り込んだ。沖縄県警の機動隊は出動の態勢にはいった。一触即発の事態を迎えた。

日曜日、村長室にこもった山内さんは、カーター大統領にあてて、三六〇〇字におよぶ長文の手紙を一気に認《したた》め、翌日、県庁の記者クラブで発表した。

「大統領への直訴状」は、大きな見出しとなった。

「……アメリカ合衆国の独立宣言の中に、『すべての人は生まれながらにして平等。生命、自由、および幸福の追求をする権利があり……』とうたわれております。私たち村民にも自分たちの夢を実現させ幸福になる権利があります。大統領の就任演説で、『われわれの人権を守るという約束は絶対でなければならず、強者が弱者を迫害してはならず、また人間の尊厳は高揚させなければならない』と述べられたお気持ちで、読谷村民の要請しております、読谷飛行場内の米軍アンテナ工事を即時中止してくださいますよう、お願い申し上げます」

記事がでると、防衛施設庁から電話がかかってきた。「外交にかかわることに一村長が踏みこむのはけしからん」。

それでも、工事の動きは止まった。カーターからの返書はなかったが、二カ月ほどたって、在沖米軍から「計画は中止する。運動広場をつくってもいい」との連絡がきた。

またある日、米軍の新弾薬庫を建設するため、防衛施設庁の係官がやってきた。山内さんは建築確認申請書の受理をこばんだ。彼は村長室に掲げてある、日本国憲法第九九条を指さしていった。

「憲法を守るのが、公務員の責務ではないですか」

「基地を返せ」や「反戦平和」は、長いあいだ、革新陣営のスローガンだった。米軍との決戦場にされた沖縄では、いまもその意識はつよく残っている。山内さんはそれをスローガン倒れに終わらせず、知力をつくし、愚直なまでに実践してきた。

「平和、あるいは反戦という言葉が消えていったとき、日本は非常に恐ろしい、不安な国になっていくと思うんです。憲法ができた背景には、血を流した先輩や同級生の希いや決意がある。福祉や人権をつぶすのが戦争です。平和であってこそ、はじめてなにごとも実現できるのです」

平和がひろがり、基地が返ってくると、村民から不満がでてくるのもまた現実である。土地を強制的に取りあげられているとはいえ、地代がはいっていた。基地依存の生活だった。

「二一世紀の批判に耐えうる村づくり」が、山内村長の主張である。滑走路のコンクリートをひきはがして野菜や花をつくる。軍用地代にまさる収入をはかればいい。いま村が取り組んでいるのは、基地転用事業の推進である。

「村の施設は、村のいちばんいいところにつくる。それが憲法のいう主権在民の思想です。自治体の主人公は村民であるのは、米軍も日本政府も理解できるでしょう」

と、山内さんはいう。理想主義、というよりは、したたかな現実主義である。憲法と出会った高校一年生は、いまなお、その実現のために走りつづけている。長距離ランナーは、けっして孤独ではない。

山内徳信　一九三五年二月沖縄県読谷村生まれ。五八年、沖縄県立読谷高等学校で教員。七四年、読谷村長に当選（六期）。村長期間中に米軍と交渉、村内の七三パーセントを占めていた米軍基地を四七パーセントまで減らした。九七年読谷補助飛行場内に読谷村役場・村議会を移設し、二〇〇六年には全面返還させた。九八年一月、大田昌秀県知事の下で県出納長に就任。二〇〇七年、参議院議員（社民党）（一期）。

ぼくにも戦争責任はある――本島 等

1

「天皇の戦争責任はある、と私は思います」

市議会でそう答弁しただけで、半年以上も右翼につけ狙われるほどに、この国の言論は不自由である。が、しかし、一方では、その発言を支持する手紙が全国から七五〇〇通もきた、ときけば、日本の草の根民主主義もどっこい生きている、との想いも強い。

長い激動の「昭和」も、うんざりするほどの自粛騒ぎのうちに終止符をうち、こんどは新手の年号が姿をあらわしたのだが、この端境期を鮮明に刻印したのが、冒頭の一行とそれからはじまったさまざまなひとびとの天皇観の開陳だった。

奇妙なことに、いわば日本の西の果てにある自治体の首長のたった一行の発言が、それまでの数万行におよぶ天皇報道と、深夜もたれ流しになっていた二重橋の静止画像の放映などと十分に拮抗し、その膨大な一方通行の情報に覆われ尽くせなかった民衆の声をひきだした。

たとえていえば、九回裏のサヨナラホームラン、というほどにはヒロイックではないにしても、ノーヒット・ノーランで惨敗しそうだったのが、ようやく右中間を抜いて一矢報いた、とでもいえようか。

思いがけなくもひとり塁にたった本島選手への共感をこめた拍手は、このままシャットアウトされたくないという、戦後民主主義の率直な表現だった。わたしもまたそのひとりである。

歴史はだから面白い。釣瓶《つるべ》落としの秋の日のようには簡単にいかない。思わぬ伏兵に苛立った右翼側スタンドは、罵声を張りあげて大騒ぎするばかりか、コーラやジュースの缶を投げつけるアンフェアぶりである。

わたしが長崎市を訪問した日も、差出人不明の実弾が送られてきたとかで、私服刑事があわただしく、駅から歩いてほど近い市長公舎に出入りしていた。ところがトレーニングウェア姿であらわれた御当人は、もう半年以上も警官たちに警護されている生活にはウンザリした表情だった。

「さいきん、お腹がひっこんだですよ、酒をのまないから。ばあさん相手では、五勺ぐらいのんだら、もうのみたくなくなるしねえ、酔っ払わないわけさ」

行きつけの飲み屋にも顔をだせず、夕方には、公舎に帰って無聊をかこっている。

「四月一九日が、うちのばあさんもらってから四〇年目ですもんね。本をだそうと思ってねえ。ぼくは大学を出たのが二七歳でしょ。昭和二四年の三月に大学出て、四月一九日に結婚したんだからね。カトリック教会で結婚式をあげただけで、披露宴もしてないんですよね。六〇歳の還暦の祝いも、なにひとつしてないんです。だからね、(結婚)四〇周年をやろうと思って本をつくっとったんですよ。『喜びも悲しみもともに』ってね。こういうのだして、華々しくパーティーをやろうと思っとったんですよね。そうしたらさ、ダメになっちゃったんだ」

初対面なのに、ザックバランである。ちょっと猫背気味で猪首。小柄なずんぐりむっくり。言語はさほど明瞭ではなくて、しかも声はちいさく、いささか聞きとりにくい。そのぶんだけ、メタルフレームの眼鏡の奥で、ひとなつっこい柔和な目が覗いている。

2

「天皇の戦争責任はある、と私は思います」

とやったあとで、集まってきた記者たちにむかって、

「それでも地球はまわっている」

と小声でつぶやいたり、発言撤回をせまった自民党の県議員団には、

「発言の撤回は、私の(政治家としての)死を意味する」

などと突っぱねて、全国から右翼の街宣車を長崎の地まで寄せ集めた渦中の人物は、

会ってみると意外にも、けっして殉教者タイプの偉人ではなく、ごく平均的な初老のおじさんだった。

しかし、どうして自民党の市長が？　だれしも感じる疑問である。

本島等《もとしまひとし》市長が生まれたのは、五島列島（南松浦郡）の新魚目町《しんうおのめ》江袋《えぶくろ》。三〇戸たらずの集落だが、それでも古くからの教会がたっている。全戸カトリック、隠れキリシタンのムラ、という。

尋常小学校を卒業して、佐世保に出た。五島の高等小学校は、往復五里（二〇キロ）の道のりだった。といって、寄留して通学するほどの境遇でもなかったようだ。佐世保では新聞少年になって、ちかくの高等小学校に通った。「昭和」がはじまっていた。

それから、銀行の給仕、印刷所の文選工見習、魚市場での魚箱の片付け。長崎に出て、三菱造船所の養成工、造船所下請けの鍛冶工、このあと、黄疸になって島に帰った。働きながら夜間中学に通っていた無理がたたったのである。

そのあと、また佐世保にもどって、こんどは歯科医の書生、ここで夜間中学校を卒業して、佐賀高校（旧制）の理科にはいっている。そして、京大工学部にすすんだ。苦学力行のひとといえる。シンが強い。

「そもそもはね、ぼくはね、他人にいえないものもってんですよ。ぼくの父というのはね、五島で一艘のポンポン船をもっていて、スイカや魚など買《こ》うて、当時のことだから氷などないから塩漬けにしたりして、それを佐世保の市場にもっていってね、売ってね。ひとりで船に乗って、ひとりで食って、そこでおしっこもうんこもしてね、くらしていたわけです」

おしっこやうんこなどというあたり、リアリストというよりは、かなりの露悪家だ。テレ隠しの一種のようでもある。

「となりの村の大きな部落に家があって、妻も子もあったわけです。で、うちの部落のほうが魚が余計とれるから、こっちにきていた。ぼくの母は、カトリックの〈教え方〉といってですね、神父さんのアシスタントみたいなもんですね。公教要理《こうきょうようり》を教えるわけです。こっちにきているあいだに、ぼくの母親をやっつけとるわけ。いっぺんだけでぼくを産んどるんです。母がそういったの」

母親は、村のひとたちの拠金によって伝道学校へ通っていた、という。五、六年は結婚しない約束だった。それがフイになってしまったのだ。

父親は村から追放された。焼玉エンジンのボートを操って、対馬の最北端の町、韓国を望める比田勝《ひたかつ》に渡った。それは、彼が生まれる半年ほど前のことだった。

一方、母のスヨは本島さんを産んだ一カ月あと、対岸の佐世保に嫁《かた》づいた。小学校を卒業した彼が島を出て佐世保にむかったのは、そこに母親が住んでいたからである。

本島さんは、母方の祖父母にひきとられた。祖先は大村藩を脱出して五島に身を潜めたキリシタンだったが、「邪教」への迫害は明治政府になってことさらひどく、まだ一〇歳たらずの祖父の申助《さるすけ》は、石の上に据えられ、ひざに石臼を積み重ねる拷問によって、足の骨を無残にも押しつぶされた。それでも不自由な足をかばいながら、鍛冶屋で生計をたてていた。

「母は父を恨んでいたですね。〈教え方〉もだめになったし、オムツ一枚もらったわけではない。子どもが生まれる半年前からいなくなるわけですから。で、ぼくは、いつごろ知ったのかなあ。テテナシ子だとか、おまえの親父はどうのといわれて、だいたい知っとったけど……。十七、八歳のころ、はじめて父に会いにいったことがあるんです。母親がいくな、いうのにね」

年長の従兄に連れていってもらった。五島も不便な離島だが、玄界灘の荒波を渡る対馬もまた遠い。厳原《いづはら》港についてからも、そのころはまだ上島と下島とを結ぶ橋ができていなかったから、比田勝までまた船でいく。

従兄が家のなかにはいっていった。

「そんな子、オレ、おらん」

無愛想な男の声がきこえてきた。と、キチッと和服を着た中年の女性が出てきて、彼を上から下まで、舐めまわすようにみてから、彼の目をみすえた。

「あがんなさいよ」

それから、戸のうしろにむかって声をかけた。

「この子、どこをみても、あんたそっくりやけんね」

五三歳で母は亡くなった。父はさいきん、九五歳で他界した。晩年は政治家になった息子を自慢していた。母が〝再婚〟した相手は、九〇すぎでまだ健在。彼は仕送りをつづけている、という。このあたりの話になったとき、すこし涙声になった。

「転職は非行のはじまり」との説がある。が、わたしは反対だ。「生涯雇用」を破っているのは、いまはむしろ企業側とはいえ、若いうちはなんどか試行錯誤をしたほうがいい。それで転職少年だった本島さんに親近感をもったのだが、彼はこういう。

「ぼくは非常に気の多い男でね。いやになったらバイバイって、荷物かついで。いま考えると、すまなかったなってところもある。腹たてたら、さっささっさ出ていっちまうんだもんなあ。荷物たってたいしたことないしなあ、うーん。身体は元気だし、空は青空、鳥はさえずってるしさぁ」

といって、夜間中学生が狭き門の旧制高校に入学するには、尋常ならざる努力を必要としたはずである。丸暗記だった、と本人はいうのだが、いまでも長大な新体詩を暗誦して、職員を煙にまいたりする。

3

高校三年目の四月一〇日、久留米の五一部隊（山砲部隊）に現役入隊。理科系だから入隊が一年遅れて、それが「命びろい」となった。文科系は前年に学徒出陣、「きけわだつみのこえ」となっていた。

三カ月の現役のあと、幹部候補生の試験を受けて、熊本の西部軍管区教育隊（予備士官学校）にはいった。ここで山砲部隊を率いる小隊長になった。数学に強かったから、弾道距離の計算はお手のもの。抜群の成績だった。それに空腹に耐え抜いた生活だったから、ほかの予備士官のように、塀を乗りこえての買い食いでつかまったりはしない。だから、素行の成績もよかった。ところが、トップにはなれなかった。

「本島、お前はキリシタンだろう。キリストと天皇は、どっちが偉い」

上官にきかれると、

「ハイ、どちらも偉いです」

そう答えて、一応、ホコ先をかわす。

「それなら、キリストと天皇は、どっちが大切か」

「ハイ、どちらも大切です」

この答えは、もはや通用しない。万世一系の天皇とキリストは、ともに天を戴かずの存在であり、誇り高きクリスチャンはここで譲歩できない。

それでもほぼ二年の予備士官学校を無事終えて、後輩の教育を担当することになった。

寝食をともにして、馬や大砲のあつかいかたを指導する。精神教育もする。

「天皇陛下のために死ねっちゅうことは、しょっちゅういってたとですよ。だから、ぼくにも戦争責任があるんです」

——インテリ集団でも、戦争にたいする疑問っていうのはなかったんですかね。

「そんなのおらんよ。インドかどこかで、狼に育てられた子どもがでてきて、狼とおなじになってたちゅうんでしょ。それとおんなじじゃないかねえ。こんどのこの事件でも、教育っていうもののすさまじさがよくわかりますよ」

——議会で答弁した瞬間、こんなに反響があるとは思わなかった？

「ぜんぜん。みんな勇気ある発言っていうけど、バカいうな、おれ勇気なんかあるかっていうんです。ボソボソいっとるだけですよ」

——思わぬ反響だった。

「うかつにもね、ぼくの育ちがね、キリスト教ともうひとつは戦中派だということで、一般の国民のように、この問題がタブーだという認識に欠けていた。やっぱり、戦中派っていうのは、男も女も、みんなこだわりがありますからね、これはどうしようもない」

——それでも、抗議がきた……。

「はじめはね、声悄然、独り孤塁を守る、と思ったね、まあ、大変な抗議がきてね。

ただね、ひとりの老婦人から手紙がきて、理解してくれたんですね。それで全国民から敵にされてもいいと」

——こんなに支持されるとは思わなかった。

「だってさ、いままで三〇年、県会議員とか市長してきたけどさ、一年に一回とか手紙をもらって、喜んだりしょげたりしてただけだもん」

市長室や市長公舎のテーブルの上には、天皇に関するさまざまな文献がおかれている。思いがけなくも論争の当事者となって、懸命に理論武装につとめているようである。

「ぼくは、天皇の本なんか読みたくないんですよ。さいきんは死の本に凝っていたんだけどね」

天皇へのこだわりについては、彼は「戦中派」だから、といったのだが、もちろん「長崎」も重要な要素である。自分のことだけいうわけにいかないから、あまりいわない、と控えめなだけなのだ。

が、本島さんにしてみれば、天皇は敗戦の年の二月、近衛文麿らの「早急に降伏せよ」との「上奏文」を受けながらも、まず戦果をあげてからと決断を遅らせ、さらに七月のポツダム宣言による降伏勧告にも、「国体護持」を優先させてグズグズしていた。そのことに想いがあるようだ。

「そんなときに、それ（降伏）があっておれば、原爆はなかったというのがね、これは仕方ないことですよ。長崎の当事者としてはね、(ポツダム宣言受諾の)御前会議が一週間はやかったら、とかね」

ギョメイギョジと最高責任者が開戦の詔書に署名捺印しても責任がない、という意見は本人にたいする「ロボットあつかい」であって、むしろ失礼といえよう。天皇以下、みんなが戦争中の行動に口をつぐんでしまったのは、戦後派のわたしにとって、不思議でならない。

4

戦争が終わって、本島さんは熊本の教育隊から佐世保に帰った。九月のはじめ、長崎にもどってきた。このとき、はじめて惨状を目撃した。しかし、あの極限の光景を、写真や若干の遺物で見たにしても、なに不自由なくゆうゆうと生活しているいまとなっては、一〇〇〇分の一も実感できまい、という。

といって、けっしてなにもしていないわけではない。本島市長は核廃絶について、国連軍縮特別総会をはじめとして、さまざまなところで訴えている。

「わたしどもは核兵器廃絶の運動を被害者意識から出発してはならない。日本の過去の侵略に対する許しを請う態度から出発しなければならないと思います。そうでなければ世界の人たちはわたしどもの声に耳を傾けることはすくないと思います」(一九八六年八月六日、「平和サミットinヒロシマ」での演説）。

自民党市長としては、反核、反戦、そして反差別の運動には、目をみはるほどに積極的である。その延長線上に、天皇制がある。

戦後、島に帰って百姓をやるつもりだった。そこで幼なじみのK子と世帯をもつはずだった。ところが、彼女はいつの間にか外濠を埋められ、町の有力者の息子と結婚することになってしまった。

部落のひとたちが、みんな教会に出かけている昼下がり、彼はリュックサックにカンコロ芋をつめて船着き場にむかった。K子が泣きながら送ってきた。彼は京都大学の工学部に入学した。まもなく、彼女から「今日が結婚式です。心はいつまでも、あなたのものです」という手紙が届いた。

「大学は無試験、学校には一日もいかなかった」

というのは、彼一流の露悪趣味である。

二七歳で大学を卒業して、長崎市内の私立高校の教師になった。英語、国語、数学、理科、なんでも教えた。五島出身で遠縁の白浜仁吉（のちに郵政大臣）が衆議院に当選した。その秘書として上京、ここで四年暮らしている。

そのあと、母校の夜間中学の教師、美容学校の講師、造船短大の講師などをしていた。高教組の組合員だったときに、社会党の党員になっている。そこがいまなお一筋縄でいかないところかもしれない。

「大学出て、三十五、六歳まで数学をやってきたのに、三〇ぐらいの歳下の専門学校出の奴が親分で、その家来になっていた。そんなこと最初はどうでもいいよね、食っていければ、妻も子もいるから。ところが、しだいに不満が出てくる、世の中っていうのは。それで、えいくそっという気持ちになって」

講師を辞めて県議選に立候補した。議員の報酬は年齢に関係ない。選挙資金は教え子から借りた。宣伝カーは酒屋のオヤジが運転してくれた。五島人会やキリスト者が支持母体だった。無所属、新人で当選したのだからツイている。

二期八年間は、夫人が質屋通いをしていた、という。選挙になると、彼女が靴を二足ほど履きつぶした。内助の功である。その後、自民党に入党したのは、白浜仁吉の線からである。

五期二〇年の県議生活のあと、七九年四月、長崎市長に立候補して当選した。五島列島のわずか三〇戸の集落の出身者が、国際都市・長崎の市長になったのは、たとえていえば、シチリア島の出身者がナポリの市長になったのに似ているかもしれない。日本の民主主義も満更ではない。

——若いころの苦労は、どんなところに役立っていますか。

彼は即座に答えた。

「選挙術につながっているね。ぼくはね、バックがあるわけじゃないし、カネがあるわけじゃない。それでも、長崎にきて三年で、県会議員になっちゃったんだから」

選挙には自信があるようだ。およそカリスマ性と正反対なところが、女性票を集めさせるのかもしれない。

長崎市議会は、議長、副議長を除いて議員が四五名。このうち、自民党系が一四名、社会九名、民社八名、公明六名、その他が八名となっていて、三期目、保守中道の本島市政は安定しているといえる。

自民党退潮のこの時代に、県の自民党から批判され、党顧問をクビになったのも幸運といえるかもしれない。右翼の攻撃が、これまでの批判者をも支持者に変えた。自民党員であったにしても、彼の真情を吐露した発言は、擁護されて当然である。

「四十年前の戦争で、最も被害を受けたのは、私より四、五歳年上の男たちだろう。当時三十軒の小さな集落で、同級生は、男で、要作、初見、富夫、関己、金五郎、九米造、愛吉、女では、静子、妙子、鈴子の十人だった。戦争から帰ってみると、女の静子が結婚し、子供を一人産んで、主人は戦死していた。ほかの者は病死や戦死で、だれもいなくなっていた。結局、静子と私が生き残ったことになった」（『日本経済新聞』一九八六年三月二七日付「交遊抄」から）。

それが天皇の戦争責任にこだわる、「戦中派」の世界というものである。

銃弾が飛んできても、なお発言を撤回しない。その平常心は、まわりのものが戦争で死んでしまった痛恨と原爆投下後の光景を垣間見た体験を基盤として揺るぎない。日本の民主主義が、そこからはじまっているのなら、その一点においてだけでも、彼は絶対に支持されるべきであろう。

その後、本島等市長は、右翼に銃撃され、重傷を負った。実はこの稿には書かなかったのだが、市長公舎の玄関先で、別れ際、本島さんは暗い声で「やられるかもしれない」といったのだ。そのあとの市長選は辛勝だった。

本島 等 一九二二年二月長崎県上五島町生まれ。教員を経て、長崎県議五期二〇年、その後、長崎市長を四期。自由民主党員だったが、八八年一二月七日、昭和天皇の戦争責任に関する質問に対し、「天皇の戦争責任はある、と私は思います」と答弁。九〇年一月、右翼に銃撃され重傷を負ったが、辛うじて一命をとりとめた。関連書に『長崎市長への七三〇〇通の手紙』(径書房)がある。

アンパンマンの正義——やなせたかし

1

月曜の午後五時、日本テレビのネットワークから放映される「それいけ！アンパンマン」が幼児たちをテレビに釘づけにしている。いたずらをする「ばいきんまん」を、アンパンマンが懲らしめる、という趣向で当たっているときかされてみると、ストーリーは単純、動きが速くて、絵がきれい、なるほど、と思わせる。

アンパンマンは、赤い飛行服を着て、マントを翻して空を飛ぶスーパーマンだが、なにしろアンパンマンだから、可愛いまる顔で、どちらかといえば、英雄《ヒーロー》というよりいじめられっ子タイプである。

悪役の「ばいきんまん」も、どこか憎めない役柄で、最後にはやっつけられるとはいえ、劇画のように退治されてしまうわけではない。だから、毎回登場する。

正義の味方と敵役《かたき》が共存していて、その両方のキャラクターが子どもの人気を二分しているという、いわば善意のまぁーるい世界が、このマンガの特徴となっている。

はじめてこのアニメ番組をみた大人が驚かされるのは、主題歌である。

〽なんのために　生まれて
なにをして　生きるのか
こたえられないなんて
そんなのは　いやだ！

生き甲斐とボランティア精神、それが毎回、幼児にむかって発せられているのである。と、みてくると、たかだか幼児番組とあなどれない。

たまたまみていて気づくのだが、ライバルのばいきんまんはロケットらしきものに乗ったり、科学技術を駆使したりしているのだが、子どもたちのヒーローであるアンパンマンは、徒手空拳、というよりはアンパンに手足が生えた程度の弱々しい存在でしかない。たとえば、やたらと科学兵器が好きなアメリカのヒーロー、スーパーマンの対極にある。

ごく日常的な食べ物として、おせん(せんべい)とキャラメルに匹敵するアンパンが、突然、一五パーセントもの視聴率を稼いでテレビ局に貢献し、四五〇億円以上のキャラクターグッズを率いることになるのは、アンチヒーローの時代をよく映しだしているのかもしれない。

日本的アンコのまわりをパンが包むアンパンは、いわば庶民の生活の知恵が生みだした和魂洋才の傑作である。アンパンに牛乳は、朝食抜きのサラリーマンに活力を与えるキオスクのベストセラーでもある。とすれば、ヒーローの資質はかねてから内在していたともいえる。

その人格的表現のアンパンマンは、お腹の空いたひとがいれば、自分の顔であるアンパンを惜し気もなく食べさせてしまう。あるいは、ばいきんまんにやられてしまうと、森の中に住むパン屋のおじさんが、あたらしいアンパンをつくって、さっそく供給をする。だから、格別、悲壮な自己犠牲というほどでもない。

つまり、たいして力まないで生活している、あるいは力まないで生活していこうという、「出世と管理」の世界にうさん臭さを感じだした世代の、あたらしいヒーローと考えられなくもない。

2

この番組を支持しているのは、三歳前後の幼児たちという。とすれば、チャンネルをまわしたり、絵本を与えたりするのは、二〇～三〇代の母親たちである。ところが、作者のところへは、シルバー雑誌の記者たちの取材が多い、とか。

三歳児のヒーローの作者は、七二歳、子どものいない、やなせたかしさんである。二〇代の母親たちは知る由もないが、古くからの漫画家で、ポッと出の漫画家とはわけがちがう。

しかし、七〇代でひ孫の世代に支持される超ベストセラー作家になれるとしたなら、自分の子どもからでさえ疎んぜられている老人にとっては、一種の強壮剤的存在ともいえる。日本人もいよいよ高齢化時代を迎えて、老後における身のふり方を問われているからである。

「このあいだも、若い漫画家たち一〇人とベルギーへ行ったんですが、そのとき、みんながいってました。『やなせさんみたいな歳になっても、ぼくらは描いていられるかな』って」

——希望の星ですものね。

「ぼくだって、計画したことでもなんでもなく、だいたい六〇過ぎたら仕事がなくなるだろうから、そのあとは好きな絵でも描いて暮らすか、好きな絵というのはどんな絵かなとか、老後の計画はそっちのほうにいっていたわけ。ですから、せいぜい六〇までだと、要するに第一線で描くのはね。そのあとはそこそこね。でも、ぼくは油絵というのは好きじゃないから、やっぱりいまのアクリルで描くかなとか、どんなふうに描こうかなとか、そういうことだけを考えていた。

それで、絵本はわりに好きだから、一年に一冊ぐらい、描く仕事があれば描こうとか、そんな具合いに思っていたわけ。それも売れる絵本じゃなくて、わりあい高級というか、あんまり売れないような絵本で、そういう自分が好きな本を描いていこうと思ったけど、世の中というのは、ホラ、自分の考えない方面に進んじゃうから。突然売れだしたんですよ」

――七〇歳代でこれだけ売れるというのは、ほかの業界でも、なかなかいないでしょ。

「ぼくは世の中のひととはちがう、つまりめずらしい生き方をしたいと思ったんだけど、どうもめずらしくなくて、ごくごく平凡になっていて、もう死ぬころになって突然なんというか、相当ちがうことになりましたね。これはだれもそういうことで騒いでないけど、おそらく世界中でいないと思いますよ」

――老人たちに激励を与える、という意味でお会いしてみようと……。

「ぼくがいちばん困っているのはその部分でして、アンパンマンについての取材も多いけど、老人問題がけっこう多いんです」

――やっぱりきますか。

「元気な老人とかね、お達者クラブとか。いま高齢者むけの雑誌があるんですよ、そういうのがくるんです。歳とってもやっているというんで。ぼくはあれがイヤなんですよ。もう本当にイヤなんだけど、しようがないんですよね」

老人扱いしてくれるな、というのが言外にこもっている。

東京・市ヶ谷の三島由紀夫が自決して有名になった自衛隊駐屯地(旧東京裁判所跡)にちかいマンション六階が、「やなせスタジオ」である。玄関の下駄箱の上には、さまざまな陶製の犬の人形が置かれ、応接セットの横には、あでやかな色彩の「アンパンマン」のキャラクターたちが、大きな縫いぐるみになって賑やかに置かれている。

予想外にも、主人はアンパン顔ではなく、細面の生真面目そうな、教師タイプとでもいおうか。

いま、月に最低一冊、それにバップレコードでアンパンマンの歌詞を出版するときなどは、五冊いっぺんに描いたりする。

――ストーリーで困るということはないですか。

「困りますよ。死ぬほど困っている(笑い)。もうやめたい、というぐらい困っているわけ。もうだいたい描き尽くしてしまいましたね」

と、明るい。話し方も若々しく、会話を楽しんでいる余裕がある。それでいて、老人臭い教訓的な口調ではなく、大家風でもない。質問には真正面から答える。几帳面で、謙虚なのである。

3

一九六七年に、セリフのない、ほのぼのとしたタッチの「ボオ氏」で『週刊朝日』の一〇〇万円懸賞に入選して、マンガファンをアッといわせた。入選したことにではなく、彼が応募したことに、である。そのころ、やなせさんは四八歳。もちろん新人ではない。NHKテレビの「まんが学校」にレギュラーとして出演している、すでに著名な漫画家だった。

にもかかわらず、新人と一緒になって、懸賞に応募する。ナミの人間にできることではない。スポーツの世界なら、プロはアマチュアよりもたしかに強いが、表現の世界ではそうとも限らない。たとえていえば、漁師が釣堀での魚釣り大会で優勝するとは限らない、とでもいおうか。まして、落選すればプロの看板に傷がつく。リスクが大きい。なかなかできることではない。

応募した動機は、と質問する。率直すぎる答えが返ってきた。

「ぼくは漫画家になって、仕事は結構あるんだけど、なにか中心になるものがないんですよ。つまり、作家としてやっているでしょ。でも、たとえば『フクちゃん』（横山隆一）とか、そういう代表的なものがないと、漫画家というのはね、なにかしら一人前ではないんですよ。

この世界でやっている人間はみんなそうだと思うんだけど、なにかがないと、つまり、そこそこ仕事があって収入があっても、やっぱり一人前じゃないんだよね。いまでもそれのない作家というのはつらいというか、そういう部分がありますよ。

ですから、ひとつのホームランというか、なにかがないとやっぱり、野球選手でも、そこそこ七番ぐらい打って、二割ぐらいというのではダメなんだよね。ぼくもなくて、いろいろやったんだけど、なにかしらないんですよね、ただ仕事の量が多いというだけで。たとえば、清水(崑)君だったら『かっぱ』とか、小島功だったら美人を描くとか、つまりタイトルがはっきりしているわけ。ぼくはそれがないんですよ、どれがというのが。

ですから、あれやこれやと模索して、それこそいろいろやっていて、三コマとか四コマで自分を中心にしようとかいろいろ考えたんだけど、『週刊朝日』の募集があったから、一応プロになっているんだけど、ちょっと試してみたいという気持ちがあったんですよね。

そりゃあ、落ちたら恥ずかしいですよ。ですから、はじめは仮名でだすつもりだったんですけど、仮名というのも卑怯だと思って、結局、本名にして。けっこう、あのコンクールはプロがだしていたんです。やっぱり変名のひとが多かった、とか」

現状に安住できない。食べられればいい、というものではない。転機をもとめるには、エネルギーと精神力がいる。彼は過去形ではなく、現在形で語った。その精神が、歳よりもはるかに若い秘密かもしれない。

「ボオ氏」は、いまも描きつづけている。

アンパンマンが最初に描かれたのは、一九六八年、大人むけの童話集のなかに登場した。幼児むけの絵本になったのは七五年。世間は、ウルトラマンや仮面ライダーの全盛時代、ヒーローの時代だった。経済成長至上主義の時代に、アンパンマンなど注目されるわけがない。

そのころ、彼は『やさしいライオン』でベストセラー作家になっていた。出版社からは、アンパンマンなどではなく、『やさしいライオン』のような感動的な物語を描いてほしい、といわれつづけた。が、感動的な作品は出版社が期待するほどにはつづけて描けるものではない。

ところが、アンパンマンは、幼稚園のなかで静かなブームになりはじめた。子どもが通っている幼稚園で、アンパンマンの絵本がひっぱりだこになっているのを知った日本テレビの若いディレクターが、テレビ化する企画をだした。しかし、上層部の反対が強く、三年ほど棚ざらしになっていた。

それでも、ディレクターの熱心さに負けたかたちで、月曜日の午後五時にやらせてくれることになった。局としては一銭もカネはださない。資金は自分で都合する、という条件だった。ディレクターは、ビデオ会社へいって、かならず人気がでます、あとはビデオでもうけてください、といって五〇〇〇万円ださせた。異例のノースポンサーで、関東地区、四局だけでのスタートだった。

月曜の夕方五時、これはどんな番組でも視聴率二パーセントにも達しない空白地帯である。主婦は買物、子どもは塾、サラリーマンはまだ仕事。だから各局とも、「再放送」でお茶を濁している時間帯である。

ところが放映がはじまると、いきなり七パーセントをあげ、三カ月目には文化庁「優秀番組賞」の受賞となった。いま、全国三二局で放映されている。

ドラえもんやガンダム、ドラゴンボールなどは、小学生のアイドルだったが、幼児にはヒーローがいなかった。ヒーロー不在の年齢層と、空白の時間帯、このふたつの「空白」がぶつかって、一挙にプラスに転じた、ともいえる。

やなせさんによれば、視聴者は、下は一・五歳から上は高校生まで。高校生は、愛と勇気を実践したい最初の世代ともいえる。

アンパンマンのメッセージは、主題歌にもあるように、「みんなのため」である。かといってスーパーヒーローではない。市民レベルの身丈にあった正義、その必要性が二〇年間無視されていた。可愛い正義を呼び起こされた、といえるかもしれない。

「スーパーマンというのは、だいたい正義の味方でしょ。ところが、正義というのは簡単に逆転するわけですよ。イラクの問題にしても、中国やソ連の問題にしても、きのうの正義はきょうの正義じゃない。簡単に逆転するわけ。正義のために戦うといったって、もしかしたら怪獣の側が正しいかもしれない。それはつまり、こっち側からだけみているからそうなるわけですよね。

ですから、本当の正義というのは、どこの国に行っても逆転しないもの、それがつまり本当の正義で、戦うということじゃなくて、われわれが望んでいる正義というのは、そんな大げさなものじゃなくて、ぼくらが困っているときに助けてくれるひととか、お腹がすいていたら食べさせてくれるとか、そういうのが正義の味方じゃないかな。

つまり、非常に日常的なことがわりとおろそかになっていて、すごく大げさというか、怪獣と戦うとか、あるいはビルを壊しちゃってとか、大げさなんですよ。スーパーマンは昔から大げさなんですよね。鉄橋の壊れるのをふせいだり、地球の自転をとめるというのもあるんですから。あれはいかにもアメリカっぽいところがあったけど」

だれにでもできる正義。手づくりの正義というべきか。アンパンマンは、自分の頭をちぎって他人に食べさせる。自己犠牲というよりは、ちょっとした勇気がいま欠乏している。

やなせさんは、電車のなかでたばこを喫っているひとに、「ここは禁煙ですから、喫ってはいけません」と注意するかどうか、という命題をもちだした。臆病だから、それもできないという。アンパンマンは、そういうひとたちの代表であり、市民のささやかな行動への呼びかけである。だから、敵役のばいきんまんは、けっして敵ではなく、役割分担である。

4

正義は逆転する。これは戦中派の体験を通した哲学である。

第二次大戦のとき、柳瀬嵩さんは台湾にいた。東京高等工芸学校(現千葉大学工学部)の図案科を卒業したばかりで、召集されて台湾防衛の任務についていた。

砲兵隊の暗号士だった。乱数表を使う訓練を受けた。暗号班は暇なので、宣撫班として紙芝居を描いて村々をまわったりしていた。敗戦になる前年、上海に引き揚げた。軍部が読んだように、アメリカ軍が台湾を攻めてくる気配にならなかったからである。

大陸に渡ってから、徒歩で上海を目指した。海路をつかって積荷を積んで貨物船は、撃沈された。行進していると、突如として、迫撃砲から発射された砲弾が、目の前で炸裂した。ふだんは戦場での勇敢さを説いていた指揮官も、雲をカスミと逃げていった。撃ってくるのは、中国のゲリラ部隊である。

「なんでオレたちを攻撃するんだ、オレたちはお前たちを助けにきたんだぞ」

やなせさんは、中国の兵隊たちに腹を立てていた。こっちには相手を撃つ気などさらさらない。「五族協和」。日本人も満州族、漢族、朝鮮族、モンゴル族も、みんな仲良くしよう、というのが、当時の日本帝国のスローガンだった。

「あのときは、本当に若いからもう信じこんでいるわけね。中国の悩める民衆を助けにきたんだ、と。ところが、むこうでは悪魔のような日本兵だと思っているわけでしょ。でも、民衆も表面ではニコニコして、『日本万歳』とやっているんです。あれは民衆の知恵で、そのときの権力にニコニコしてしまうんですね。

たとえば、天安門事件のちょっと前に、ぼくは中国にいたんですけど、民衆は全部、学生をすごく応援していて、学生の味方だった。ところが鎮圧されちゃうでしょ。と、みんな知らん顔です。学生を暴徒と批判していた権力の側につくわけ」

日本が敗戦になったとき、もっとも悩んだのが士官学校出身の将校たちだった。「正義の戦い」が崩壊したあと、対極にあった共産党に入党したものも多い。

「正義というのは信じがたい。それが、もう自分の基本的な考え方ですね」

あすにでもひっくり返るかもしれない正義や大義は、振りまわしたくない。それよりも、自分の身を削ってでも、飢えたものにアンパンを差しだす小義のほうがはるかにたしかである。それがアンパンマンをつくりだした作者の哲学である。

ふたり兄弟の弟は、特攻隊で戦死した。フィリピン北方のバシー海峡に出陣したのだ。還ってきた遺骨入れの壺にはいっていたのは、一枚の木の名札だけだった。

5

アンパンマンは、フランケンシュタインのアンチテーゼである。この古典的な怪物は、フランケンシュタイン博士の失敗作だった。それは科学技術信仰への批判でもある。やなせさんのアンパンマンもまた、ある日突然、雷撃を受けたかのように、なんの変哲もないアンパンに生命が宿った。といっても、こちらはなにしろ、善意としてのアンコの塊りなのだ。そして『青い鳥』に登場する、パンの精の日本版である。

アンパンマンは、まぁーるい善意の世界を飛翔している。スーパーマンのように、ビルや橋を破壊したり、「正義」の名のもとに敵を叩きつぶしたり、科学兵器が登場したりしないのは、これまで書いたように、やなせさんの反戦意識が深く投影されているからである。

かといって、もちろん、作品で声高に反戦が主張されているわけではない。ただ、主人公たちがたがいに傷つけあったりしないだけである。

「いまはアンパンマンというのは一種のアイドルで、人気がありますよね。これだってわからないんだよね。なにかちょっと失敗すると、袋叩きですよ。お母さんというのは、あっという間に手のひらを返したようになりますからね。人気があんまりありすぎるのも、ちょっと恐ろしい部分があります。まあ、いまは『ちびまる子ちゃん』がどーんとダントツでいってますから、その辺がいくらか気が休まるというか、あんまりトップにたつと恐ろしいですよ。突然、奈落の逆さ踊りになっちゃいますから」

ベテランの余裕である。

やなせプロの応接間では、さまざまな画集が棚いっぱいに並んでいる。その下にフレームの額にはいった「鉄腕アトム」の絵が一枚、たてかけられてある。

手塚治虫は別世界の人間である、とやなせさんは思っていた。おなじ漫画家といっても、ジャンルがちがう。と、ある日、手塚さんから電話がかかってきた。「アニメの美術監督をやって欲しい」という依頼だった。それで、虫プロに出かけて、机を並べて仕事をするようになった。

手塚治虫にたいする回想談にも、やなせさんらしい平常心がよくあらわれている。すこし長くなるが、以下はこの九歳下の天才にたいするコメントである。

「彼はちょっとちがう人間なんですよ。つまり競争心が起きないんだ、あの人とは。あんなことはできませんよ。ぼくはどんなになっても手塚治虫ほど忙しくはなりたくないと思いましたね。あんな生活はしたくないと思って（笑い）。だって、ほとんど寝ないんだもの。ぼくらと話しているでしょ。突然、ひっくり返ってしまうんですよね。寝ちゃうんです、限界点がきて。『鉄腕アトム』とおなじなんです。突然、エネルギーが切れて、ひっくり返って、ベッドの上で寝ちゃうんです。それで、手塚治虫が寝たから、さあ、オレたちも寝ようといって寝ていると、突然、起きてくるんだよね。『さあ、やろう』と。やろうといったって、こっちはいま寝たばっかりだから、やりたくないんだけど、あのひとは変なときに寝て、変なときに起きてやるという、とにかくめちゃくちゃくちゃなひとでしたね」

もちろん、やっかみでも、批判でもない。目撃者の証言としての客観的な口調である。そんなスケジュールでも、手塚治虫は映画もよくみていたし、パーティーにも出かけていたし、仲間の旅行にもついてきた。

やなせさん自身は、いまは時間がなくて、仲間たちとほとんどつきあっていない。その彼よりもはるかに忙しい生活をしていたはずの手塚治虫は、よくでかけた、という。

「やっぱりスーパーマンですね」と彼はつけ加えた。そして、手塚治虫の功罪について……。

「日本と外国のマンガというのは、いまはぜんぜんちがってしまって、日本は世界で最大のマンガ大国です。その理由はなにかというと、手塚治虫がいたからですよ。手塚治虫という大天才がいたために、世界とぜんぜんちがってしまったわけ。だから、手塚治虫には非常な功績と罪な部分があって、手塚治虫があれだけやって、しかも大変なカネを稼いだためにマンガ家を志望する少年がふえて、そのひとたちはただウケようとして描くものだから、ロクでもないものがいっぱいでちゃったんですよね。

功績の部分もやっぱり、これだけのマンガ大国になってしまったというのは、彼がいなかったらこうはならなかったでしょうね。彼は一〇〇年に一回しか出てこないひとですから、はじめからあのひととは、競争しようとか、そういうのはまったくありませんでしたね」

6

やなせさんは、右目と左目をそれぞれ一回ずつ、手術している。絵描きが目の病いに冒されるのは致命傷ともいえるが、ご本人はむしろ楽し気に語った。

右の目がかすむようになったのは、三年ほど前だった。信号がみえなくなって病院へいくと、「白内障」と診断された。吉行淳之介からの紹介状をもって日赤病院へいった。

「このていどなら、まだ手術しなくてもいいですよ」

というのが医者の結論だったが、やなせさんはやってください、と頼んだ。たちまちみえるようになった。が、不思議なもので、こんどは左目の視力がどんどん低下した。それで、左目もやってもらった。

「虫歯を抜くぐらいの手術だった」

いまはそういうのだが、おなじ病気の吉行淳之介の『人工水晶体』を六回、それに曽野綾子の小説、医学書もなん冊も読んだというから、その真剣さがわかる。積極的で緻密、かつ研究熱心の性格がよくあらわれているエピソードである。

「カミさんには、いつも決断が遅いといわれているんですが、『目のときには早かったわね』といわれました」

職業意識のなせる業である。

運が八〇パーセント、実力が一〇パーセント、努力が一〇パーセント、とやなせさんは謙遜していう。が、実力(才能)はもちろんとしても、努力のパーセンテージもかなりのもののようだ。中年すぎての懸賞応募など、凡人のできるものではない。

「生まれ変わったとしたら、こんどはなにになりたいですか」

月並みな質問には、「また漫画家になります」との答えが返ってきた。

——いつまで描きつづけるのですか。

「そんなことはわかりませんよ(笑い)。それがわかれば、もっと計画的にやります」

父親は朝日新聞の記者だった。上海に駐在していた。が、三二歳の若さで客死した。絵を描きたい、詩を書きたい、本をだしたい、と母親にだした手紙に書き遺されている。

「このごろ、ちょっと父親にききたいんです。ぼくは五〇〇〇冊にちかい本をだしているんだけど、オレみたいな本でよかったのかなって。だいたい、子どもの本ですから、親父の考えとちがうのかな」

やなせさんはちょっと考えこむ目つきをした。

いえ、いえ、大義のための戦争なんかもうこりごりですよ。わたしもまた、けっして戦争をしないアンパンマンのファンなのであります。

やなせたかし　一九一九年二月東京都生まれ。三越宣伝部勤務を経て漫画家として独立。七三年、雑誌『詩とメルヘン』を立ち上げ、編集長。詩人・絵本作家としても活動を本格化。八八年、テレビアニメ「それいけ！アンパンマン」が日本テレビで放映され、大ヒット。関連グッズが爆発的に売れて、当代一の売れっ子となり、子どもたちのヒーローになる。従軍体験を持ち、弟の戦死もあって非戦の思いを強く持ち続ける。二〇一三年一〇月没。

3　表現者の矜持

『死霊』と格闘して六〇余年——埴谷雄高

1

なんどかの呼び出し音のあとで、受話器をあげる音がしたのだが、かすかな音を残して切れてしまった。取り落としたようだ。もう一度かけ直すと、いつもより、はるかに精彩を欠いた声が「風邪で臥《ふ》せっている」とおっしゃる。重ねて前にも患っていた病名を告げる。これから入院して検査、検査しだいでは手術も、という。

「心臓も悪くなっていますから」

と言い添えたのだが、突き放した口吻《くちぶり》である。

電話は、かけた場所が悪いので、あたりの騒音でよく聴きとれなかった。吉祥寺まで出て様子をうかがうことにした。といっても、見舞いは遠慮して、斜めむかいの大松のおばあちゃんを訪ねるにとどめた。

二日ほどして、葉書が届いた。

「恐らく寝ていたのでしょう。目も悪くなり、カンタンにしておきます」

あえて私信を紹介したのは、病床にあっても葉書を書かざるをえない、埴谷雄高《はにやゆたか》（八五歳）の律義さを、まず伝えたかったからだ。彼は、わたしが呼び鈴を押したのに、〝気がつかなくて悪いことをした〟と思って、さっそく、葉書を認めたようだ。が、わたしはベルを押していなかった。

本名の般若豊《はんにゃゆたか》とペンネームの埴谷雄高を並べた表札の下の郵便受けには、墨書された張り紙がある。

「留守のときは斜め前の大松家へ届けて下さい。印鑑も預けております」

このメッセージには、埴谷の長い一人暮らしと、大松家にたいする信頼がよくあらわれている。

「どうしても昼まで寝てますよ、用がないわけだから。女房がいれば起こすだろうけど、だれもいないからね、寝てるわけですよ。ただ、新聞、これは（大松家との）合図ですね、新聞がとられていなかったら、裏からはいってくる。死んでいるかもしんないから、心臓でずっと病院へいってるわけですからね、夜中に寝て死ぬのが理想なんだけど、これ、わかりません」

大松チヨ子さん（八四歳）は、ときどき、裏口からはいり、寝室のフスマをあける。

「おはよう、といってもきこえないんです。おじいちゃん、生きているかしらって、覗いてんですよ」

昼過ぎに起きだして、吉祥寺駅のガードそばのうなぎ屋「S」に電話をかける。木曜日の定休日以外は、毎日、うな重にきまっている。

「去年の夏、足があがらないので、元気をつけなきゃいけないと思って、毎日食ってるんですよ。うなぎは汁をぶっかけると、一応、全部たべられるわけですよ。昔から『近代文学』の編集会議のあと、かならずうなぎ屋へいった。みんな好きでしたからね」

不器用なようで、箸でつまむというよりは、手の甲を真上に構えて、箸を突き刺すようにしてうなぎをぐちゃぐちゃにする。チヨ子さんがみかねていうと、「お袋が悪いんだよ」と弁明する。

ところが、つい最近、出前するうなぎ屋にさえ、「しかし、よく飽きませんね」とあきれられていた、そのうなぎを突然やめた。二月初め、〝青菜に塩〟の面持ちで大松家にやってきた埴谷は、前立腺肥大症が再発した、といった。

「うなぎの怨みですよ」

チヨ子さんがたしなめると、

「じゃあ、もう、やめた」

となった。それまでは、二時ごろうなぎをたべて、夕方、大松家がはこぶおかゆと惣菜を深夜二時ごろたべ、睡眠薬を飲んで寝る。五時間ほどして目が醒《さ》めると、また薬を飲み直してひと眠り。

「要するに、一〇時間眠るっていうことにしているんです。できるだけね」と本人がいうのだが、チヨ子さんによれば、

「怠けもんなんですね。いつ行ってみても寝てますね」

はたのものからは、たとえ寝ているようにみえたにしても、「自由の最高は夢想」という本人は、必死で想いをめぐらしている。

敗戦の一九四五年に執筆して、『近代文学』創刊号に掲載された『死霊《しれい》』を書き継ぐべく、想念を空中にむかって放出しているのである。

2

「いま九章でつっかえて、もうすでに一〇〇枚。あと二〇〇枚ぐらい書くのがつっかえているのはね、未出現宇宙。青服と黒服が出てきて、生と存在について、生きるものについてしゃべるのは黒服で、存在と物についてしゃべるのは青服で、津田安寿子《つだやすこ》の誕生祝いのときに両方出てくる。首猛夫《くびたけお》が一番はじめにきっかけをつくるわけですがね。要するに、精子が卵子にいくときに、数億匹の兄弟が、お前にはねとばされて死んじゃった、と。お前は無数の兄弟殺しをしなければ、お前になれないんだ、と、さかんに脅かすわけですね。未出現といっても、すでに精子としての出現はしていて、死んでから未出現になったわけです。そういう未出現とわかって、いまわれわれがいる現宇宙は無

限の中のたんなる一つの宇宙にすぎない。本当は出かかっている宇宙がたくさんあって、お前たちが望んでいる社会革命とか存在の革命とか、頭をもたげかかったけど出られなかった。出られないけど、ひょっとしたら無限の間に出てくるかも、というんですが、その無限のなかの未出現のかたちんとこでつまずいちゃったんですよ。もう五、六年になりますね。未出現の言葉は出たけれど、内容は止まってるわけですよ」

と埴谷は息もつがず、一気に語った。

『死霊』は、一九四九年に四章まで書いて二〇〇〇部印刷したが、さっぱり売れず、版元の真善美社は倒産。五六年に近代生活社から再出版されたが、ここも倒産。その後、『死霊』は巷から姿を消し、写本する学生さえあらわれた。

第五章が完成したのは、二六年ぶりの七五年。掲載した『群像』は、二万五〇〇〇部を売りつくして五〇〇〇部増刷、文学的な事件となった。

この小説の構想は二二歳のとき、治安維持法違反で逮捕・投獄されていた刑務所で練られ、主人公たちが死んでしまう一二章の結末まで考え抜かれているのだが、「無限のなかの未出現」の形象化の前でたちどまったままだ。

「脳細胞も駄目になって、いわゆる閃くってことがない。要するに想像力の枯渇が、老人にはやってくるというけど、やってきとるんですよ。本来、はじめから無能なんでね、戦後派でいちばん無能であるものが、いちばん難しいことをやっていて、しかもいちばん難しいところへきて、想像力が枯渇しているから、なおできない」かといって、けっしてぼやいている口調ではない。茶色の和服の襟もとに、らくだのシャツが覗いている。かなり着込んでいるようで、下はズボン下が二枚、それに脚絆《きゃはん》を巻き、やはり茶色の靴下を三枚はいて完全武装。着ぶくれのあいだから首だけだして、いま発した言葉が、宙を走っていくのを凝視している。

一九四八年暮れ、福田恆存や中村光夫など文芸評論家による、朝日新聞の年間ベストスリーに名を連ねているのは、大岡昇平『俘虜記』、谷崎潤一郎『細雪』、太宰治『人間失格』、椎名麟三『永遠なる序章』、野間宏『青年の環』、武田泰淳『蝮のするゑ』、そして『死霊』である。ところが、いま生きているのは埴谷雄高だけ。いまなお未完なのは『死霊』だけである。

それでも、戦後とともに書きつづけられてきた誇り高き『死霊』の著者も、同年代のチヨ子さんにたいしては、「もう小説は完成しなくてもいい」と真顔でいったりする。それもまた本音かもしれない。

埴谷は少年のころから、「どうでもいいよ」(『影絵の世界』)と自分の運命をどこか達観している傾向があった。僚友たちを見送った追悼文を集めた『雁《がん》と胡椒《こしょう》』は、九〇年に上梓《じょうし》された。ここでは親しいものの死さえ、「癌と故障」とシャレのめされている。

荒正人は『死霊』の成立の外的条件として、父方の相馬藩、母方の島津藩、幼年時代を送った植民地・台湾、そして、革命運動の中でも、傍流の農民運動にいたことを指摘している。その空間のひろがりと運動の位相が、特異な作品を形成した、という説である。

「……ふり返ってみてふしぎなことは私の生活の《昼》の世界は圧倒的にマルクス主義の世界であったにもかかわらず、私の精神の奥にひそんだ芯《しん》にはいわば打ち消しがたい恐怖のごときアナキズムへの指向が微光しつづけていることであった」(『影絵の世界』)。

3

埴谷が共産党に入党したのは、一九三二(昭和六)年、二一歳のときである。自分を神や正義や国家や道徳などの召使いにしてはならない、自分はなにものにも支配されない、とするマックス・スティルネル(シュティルナー)の『唯一者とその所有』(『自我経』との訳もある)の愛読家だった埴谷が、組織の一員となったのは、レーニンのいう「国家の死滅」を信じてのことだった。

「組織と人間」の二律背反は、いつでも、どこにでも転がっている苦悩で、転向の正当化に盛んにもちいられるのだが、埴谷の「AはAである」とする自同律への不快や存在の革命などは、戦前の転向から出発した生涯を賭けた歌だっただけに、戦後の左翼運動や社会主義運動への根柢的批判となりえたのである。

埴谷の二重性は、植民者の息子として台湾に生まれながら、台湾人にたいする日本人の横暴（たとえば、車夫の頭を人力車のうえから足でこづくとか）への憎悪、という自己分裂から出発している。強靭な記憶力は、いまなお健在で、問いを発するやいなや、エネルギーを出し惜しみしない、こまやかな描写による長い返答が返ってくる。

その吐きだされた言葉の大群に目をやりながら、埴谷がふと表情を崩すのを、わたしはなんどか感じた。熱中する自分を自分でおかしがっている。辻潤や武林無想庵や大杉榮などに共通する自在な身ぶりは、彼の場合、青年期の結核の体験から発した、「どうでもいい」という断念によるようだ。

特高（刑事）に逮捕され、取り調べを受けているもっと深刻な場面でさえ、「滑稽」や「ユーモラス」の感覚で捉える複眼性が、埴谷の特質である。

共産党時代、埴谷の党名は長谷川。当時の流行に反して鳥打ち帽子をかぶっていなかったので、同志たちから「無帽の長谷川」と呼ばれていた。一八歳のときからともに暮らしていた妻の敏子が、まいにち富坂《とみさか》署に面会にかよってきた。しかし、予審検事の坂井改造《しゃかいかいぞう》、社会運動を取り締まる検事にしては不穏当な名前だったのだが、彼が敏子の面会を制限した。それをききつけた埴谷の母親アサは、親戚の薩摩系の政府高官に直訴した。それで坂井検事は九州に飛ばされてしまった。

アサは島津斉彬のもとにいた陽明学者の伊藤猛右衛門の孫だった。アサと女優の卵だった敏子は、上野に「ココナッツ」という名の喫茶店をひらいて、埴谷の出所を待っていた。ここには『暢気眼鏡』を書いた尾崎一雄もかよってきていた。

のちに共産党スパイ事件で知られることになる大泉兼蔵もやってきて、当時ではみかけることのすくない百円札を両替しろと強要したり、敏子に「ハウスキーパー」になれと迫ったりした。とんでもない党幹部である。

一九三二年に逮捕され、翌三三年一一月、埴谷は釈放された。検事が求刑書に「改悛の情なく極刑に処せられたし」と書いたのをみて、「あれぇ、極刑。死刑ですか」と素頓狂な声をあげると、検事から「馬鹿だなあ、お前なんか死刑にするか。お前の罪での最高刑の意味だよ」と切り返された、とか。

悲惨を滑稽に切り換えるのは、「どうでもいい」との達観ばかりではなく、愛読していたドストエフスキーの影響かもしれない。

4

三四年夏から、吉祥寺の現在地に住むようになった。母親が建てたものだが、設計は埴谷自身である。木造、平屋。玄関の脇《わき》に洋風の応接間を突きだした、そのころの知識人の住宅である。

大松チヨ子さんによれば、埴谷にはいわなかったが、田無署の特高がよくまわってきた。その頃から、埴谷は道路に面した出窓を背にして木製の肘掛け椅子に坐り、客と相対している。

それ以外のときは、隣りの小部屋に籠もって『死霊』に考えをめぐらしつづけてきたのである。とはいえ、戦後、その応接間に学生四人を下宿させたこともあった。病気の夫を抱えた敏子が、四人分の弁当までつくって生活をささえた。

八一年五月一日、武蔵境の日赤病院で敏子死亡。脳死のとき、埴谷は決然と延命装置を拒絶した。

「女房は、あなたが死んだらこの家を売って楽をするっていっていた。だけど、先に死んじゃって気の毒だ」

七五年六月、埴谷は、井上光晴、久野収、平野謙らとともに、「内ゲバ中止」の声明を発表していた。中核派と革マル派との血で血を洗う凄惨な武力闘争にたいして、「殺し合いではなく、思想闘争を」と呼びかけたのである。これによって、ただちに「内ゲバ」が解消するには至らなかったが、知識人の責任と勇気を示す行為として記録に値いする。

「伊藤猛右衛門の陽明学が幾分、ぼくに遺伝しているかもしれない。陽明学は知行一致で、ぼく自身、なにも実行しないで、文学で実行しているんだけどね。チクショウ、殺しにきやがったら、殺されてもしょうがないだろうという考え方が絶えずあってね。

共産党にはいるときも死ぬ覚悟でなきゃと思ってはいったわけですけどね。中上健次なんか朝四時半ごろ電話かけてきてね、六億円よこせって。ほんとに中上か。ほんとの中上だ。殺してやるっていうから、馬鹿野郎、お前に殺されるために生きてきたんじゃない。そのころ、医者に通っていて、道歩いていて(転んで)垣根に手つっこんだりしていた時代だから、手でやりゃ負けるに決まっているから、パチンコ、ピストルでね」

内ゲバをまっ先に批判したのは、二〇代後半ですでに『不合理ゆえに吾信ず』を書き、四〇代後半に「政治のなかの死」「憎悪の哲学」「敵と味方」など、一連の政治エッセイを書いていた著者だったからである。

政治の意志とは、「やつは敵である。敵を殺せ」その一行につきる。政治指導部は、党内の階級維持、大衆蔑視、理論軽視によって「憎悪の哲学」の完成にむかう、と埴谷は裁断していた。

「時代は埴谷に追いついた」と鶴見俊輔が書いた。が、その後のスターリン批判、ハンガリー動乱、そして社会主義国家の崩壊と、時代は机上に置かれた埴谷の一冊にむかって、つねに気息奄々、追いすがってきたのである。

豊多摩刑務所の壁を透かして、一匹の黒い馬が駆け抜けるのを埴谷は視た。

あれェ、チキショウ、無限のなかに、われわれはほんとうの革命ができるんじゃないか。できないにしても、できたかのごとく、本の中に書いて宇宙空間に投げだして置ける、無限にむかって。

それが埴谷の政治を超える文学の出発だった。その永久革命を、彼はいま病床で幻視している。

5

埴谷雄高は卒然として虚空の彼方に去った。彼の八七歳の生涯は、もの書きとして幸せな一生だった。

たしかに、ライフワークの『死霊』は未完に終わったが、本人自身、さばさばしていて、けっして悔いを残していたわけではなかった。おそらく、死の瞬間まで、彼は彼の小説の主人公である首猛夫や黒川建吉との長いディスカッションをつづけていたのであろう。半世紀をかけて書きつづけられた小説である。最後の部分が形にあらわれなかったにしても、いいではないか。そんな断念がすがすがしい。

「戦後派でいちばん無能であるものが、いちばん難しいことをやっていて、しかもいちばん難しいところへきて、想像力が枯渇しているから、なおできない」

と彼はわたしに語ったが、そこには、すでに花田清輝や野間宏や井上光晴など戦後派の僚友を見送り、それでもなお書きつづけている複雑な想いがにじんでいるのを、わたしは感じていた。

埴谷雄高の宇宙を駆け抜けるような視線と文体は、ほかのどんな作家にもないものだった。安部公房に似ていないこともなかったが、埴谷ははるかにスケールが大きかった。彼は吉祥寺駅にちかい、ちいさな木造の家にひとりで、息をひきとるまで端然と暮らしていた。

しかし、それはけっして蟄居のイメージとはほど遠い。驚くべきことに、彼はいつも時代の最先端にいた。

台湾の植民者の息子として負い目とともに成育し、戦時中の共産党員として逮捕され、いわば「転向」をバネに文学的な活動にはいったのだが、宇宙から地球を透視しているような透徹した視線が、国家や権力や党や政治を明確に対象化していて、読者を魅了した。

いわゆる知識人たちが「内ゲバ」にたいして沈黙をまもっていたとき、決然として批判したのは、埴谷特有の冷徹さのようにおもわれている。が、むしろ、彼の人間信頼のロマンチシズム、といえるようなものだった。いいかえれば、アナーキーな精神といえるかもしれない。

「どうでもいい」との達観が埴谷の精神だった。政治欲、権力欲、金銭欲をまるで感じさせない、孤高のひとり暮らしだった。

埴谷雄高は「憎悪の哲学」を原理とする社会主義の崩壊を、あのちいさな部屋にいて予見していた。わたしは「辻潤や武林無想庵や大杉榮などに共通する自在な身ぶり」と彼を表現した。といって、放縦だというのではない。むしろ、古武士的な風格（島津藩の陽明学者の血をひく）と洒脱さを兼ねそなえた最後の文士といえる。のびやかにして厳密な埴谷の文体と直感をもとにした論理は、けっして滅びることはない。

彼はいつもだれにでも、惜しむことなく語りつづけた。強靭な記憶力とこまやかな描写は、九〇にちかい老人のものではなかった。この混迷の時代にこそ、彼の的確な批評を必要としている。わたしは、拍手をもって埴谷雄高の鮮やかな生涯を送りたい。

埴谷雄高（本名　般若豊）　一九〇九年一二月植民地台湾で生まれる。二三年東京に移住、三〇年大学を中退して、日本共産党の地下活動に参加、三二年に不敬罪と治安維持法違反で逮捕され、長期勾留。その後、未決囚、予防拘束囚として拘留される。戦後、佐々木基一、平野謙、本多秋五などと『近代文学』を創刊。『不合理ゆえに吾信ず』、未完の大長編『死霊』を書き継ぐ。九七年二月没。

闇を凝視《みつ》めて——上野英信

1

「失業が幸福か、就労が幸福か、とうてい簡単には判断しがたい状況でさえある」と上野英信が書いたのは、一九六〇年一一月である。中小炭鉱での大事故は閉山につながり、閉山は失業をもたらす。一方、坑内での就労は、死と隣り合せにある、とはいっても、かならずしも、全員が死に絶える、というわけではない。だから、事故の危険性よりも、失業の可能性のほうが労働者を恐怖させる。失業は事故死からは解放されるが、同時にメシからの解放も意味し、メシの確保といえる就労は、待ちうけている死にむかっての行進ともいえる。

「メシか死か」炭鉱労働者たちは、その二者択一を強制され、この二五年のあいだ、あるものは坑内で憤死し、あるものは胸ふたがる永い失業生活を送り、そして、その二つの道を外れたものは、遠く南米の地へはこぼれて棄民とされた。

死と失業と棄民。この四半世紀におよぶ坑夫たちの運命に寄り添うようにして、上野英信は書きつづけてきた。すべての時間とエネルギーを、坑夫の生き死の記録にだけ注いできた禁欲の営為は、日本のけっして短くはないルポルタージュ史のうえでも、稀有のものといえる。

上野英信が繰り返し繰り返し書いているのは、坑夫とその家族の圧倒的貧困と悲惨な死である。が、それればかりではない。絶望的な状況にたちむかおうとする笑いと抵抗のちいさな炎も伝えられている。それが坑夫たちとともに、文化運動を切り拓いてきた、上野ルポルタージュのもうひとつの特質である。

硬山《ぼた》を仰ぐときやはり坑夫らの歴史は坑夫が変えねばと思う

「生きざまの歌」に紹介されている、坑内で無念の死を遂げた山本詞《つぐる》の短歌への共感が、けっして声高に語ることのない、上野英信のルポルタージュの精神のようである。

その後の炭鉱事故の続発は、かつて崩壊のまっただなかにあった筑豊の小ヤマの坑夫たちの運命が、そのまま大鉱山の労働者のものになったことを示している。

一九六三年一一月　九日　　三井三池　　四五八名
一九六五年　二月二二日　　北炭夕張　　六二名

一九六八年　六月　一日　三井山野　二三七名
一九六八年　七月三〇日　北炭平和　三一名

スクラップとされた筑豊での日常だった大量死は、ビルド鉱として国家資金が投入された大企業での日常となり、三井、北炭(三井系)、住友、三菱へとひきつがれた。そして、八〇年代にはいって、なお、

一九八一年一〇月一六日　北炭夕張新鉱　九三名
一九八四年　一月一八日　三井三池有明　八三名
一九八五年　四月二四日　三菱高島　一一名
　　　　　　五月一七日　三菱南大夕張　六二名

とつづいているのは、記憶にあたらしい。

2

「公民館をでてふたたび炎熱の炭鉱街をさまよいながら、わたくしはしきりにヒロシマを思った。そうだ、あの日あやうく死をまぬがれたわたくしは、傷ついた一匹のけだもののごとく、燃えさかる原子野をさまよい歩いた。悲しみもなく、怒りもなく。血ぬ

られた心にたぎるものは、底もない絶望の酔いだけであった。溶けただれた死者や、皮をめくりとられた重傷者たちの、群れ伏し、ゆれうごめく肉塊のなかを歩きながら、わたくしの心はさらに痛まなかった。絶望の深淵に鬼火のように冷めたく燃えるものは、気も狂わんばかりにけだるい呪いであった」

一九五八年五月七日の、長崎県北松浦半島にある江口炭鉱の出水事故で死亡した二九名は、「累々と折り重なって倒れている犠牲者たちの、見るも無惨な腐爛死体の群れ、むなしく見開かれた白い眼球、溶けてくずれた唇と、むきだしの歯、かびの生えた胸や腹、無気味なまでに屈折した手、ふくれあがった睾丸」として発見されている。

それは、二〇代の上野英信が広島で遭遇した世界でもあった。広島の地獄を地底の地獄と重ねあわせて生きようとした決意が、彼の坑夫としての出発だった。彼は二〇代の決意を、四〇年も抱えつづけて、地底の暗黒を刻んできたのである。

暗黒の坑内で、水に閉じこめられた坑夫のひとりは、息を引き取る直前、ホゲ（鉄板製の石炭を掬《すく》い取る道具）に鶴嘴《つるはし》を打ちこんで遺言を刻んだ。

「ミヤコ　ヒトシ　フタリナカヨク　タノム」

おそらく、キャップランプの一条の光をたよりに、最期《いまわ》の迫った時間を盗んで、遺児たちにむけたメッセージだった。死を賭けたこの坑夫の文字以上に、重い文学はない。地上との、すべての連絡を絶たれ、あらゆる希望を喪《うしな》い、死にとりかこまれた地底にいた坑夫の最後の行為が、遺されたものたちへの、生産用具を使っての伝言であることほど、文学の尊厳を教えるものはない。

あるものは電池ケースに、そしてあるものはヘルメットに数行の文字を刻んで息をひきとった。それはこの江口炭鉱ばかりのことではなく、さいきんの事故でも、妻や子への遺言が坑底から引き揚げられている。おそらく、上野英信の、地獄を書き遺そうとする想いもまたおなじものであろう。

上野英信のペンは、一条の光として炭鉱の闇を照らしだしている。それは坑内ばかりではなく、あるときは坑夫たちの出身地である鹿児島県の不毛なシラス台地のかぼそい農村であり、あるときは、地の果てブラジルのジャングルだったりする。坑夫たちの転変、というよりは没落の歴史を一行でも書き遺そうとする姿勢は、いまはやりの、上昇志向だけがやけに、強いノンフィクションライターの対極にある。その意味では、彼のペンは記録を志すものの、生き方をも照らしだしているのである。

3

一九八五年五月一七日、三菱南大夕張で死者六二名におよぶ大事故のニュースをテレビでみながら、わたしは四年前の、北炭夕張新鉱の惨事を想い起こしていた。事故を、というよりは、事故後の労働者の転変を、である。

事故のあと、下請組夫はまっ先にクビにされた。やがて夕張新鉱は倒産、廃山となった。直轄の坑夫たちの一部は道内の北炭系の鉱山に移り、一〇〇名ほどの下請組夫が市内の三菱南大夕張礦にはいった。そして、ここでふたたび事故に遭遇したのである。「去るも地獄、残るも地獄」とは、六〇年の三井三池の大争議のスローガンだったが、クビにならずに残ったものは、三年後、炭塵大爆発に襲われて坑底を逃げまどい、全国に散ったものは生活苦に呻吟した。

歴史はおなじ悲惨を繰り返す。北炭の坑内から隣り合わせた三菱の坑内に移り、そこでついに息を引き取ったものは五人におよぶといわれている。その中に、八四年五月の、日高組の宿舎の火災から逃れた労働者がいなかったかどうか、それがわたしの関心事だった。

日高組は北炭の孫請けであり、三菱南大夕張にも労働者を供給していた。わたしがたずねた北炭夕張の犠牲者の妻は、夫の事故死後に女の子を出産した。わたしは彼女の家を訪ね、名付け親が日高組の女主人と知らされた。

それで「日高組」が記憶にあったのだが、北炭夕張が事故によって倒産したあと、三菱大夕張に移った労働者たちは、こんどは宿舎の火災の捲き添えにあって、消防士もふくめ七人が死亡していた。

ところが、その火事は、労働者に掛けた保険金を狙った、日高組経営者夫婦の放火だった。仕事から帰ってきた労働者たちに酒を飲ませて熟睡させ、仲間の労働者に火をつけさせた。こうして、経営者夫婦は一億数千万円の保険金を手に入れたのである。

北炭夕張の坑内火災、それを逃れたあとの宿舎の火事、このふたつの業火を逃れたにもかかわらず、こんどは三菱南大夕張で殺される、そんな労働者がいなかったかどうか。新聞を読みあさって、わたしは、宿舎への放火事件で二人の子どもを殺された、四七歳の労働者本人が、その中にはいっているのを発見した。すべてを奪いつくされた坑夫の運命の、ひとつの典型である。

事故によって父親を奪い取られた息子が、そのあとをついで坑内にはいり、父親とおなじようにして命を奪われることは珍しいことではない。親子一緒に殺される例もあるし、父親だけが救われる場合もある。坑夫たちが炭鉱から逃れることができないのは、住む家がなく、家を買うほどに賃金がたかくないからである。

退職すれば炭住を出なければならない。炭住に住む権利を確保するためには、息子が父親の代わりに働かなければならないのだ。

「いっさいの人間の悲哀が、うめきが、呪いが、圧制ヤマの屋根の下にとじこめられている。ありとあらゆる罪悪の腐臭が、屋根裏にたちこめている。屋根とひきかえに、労務係どもは、女たちの肉体を手に入れる。屋根とひきかえに、みずからの手で殺した犠牲者を、病死人として葬りさってしまう」(『炭鉱節のふるさと』)。

事故の責任を追及し、会社を告訴しようとすれば、炭住から追いだされてしまう。あとは泣き寝入りである。こうしてみれば、いまの大企業での、会社のローンによる持家制度も、筑豊の前近代的な労務対策と、さほどの変わりはない。屋根(家)は、親の仇、といっても過言ではない。

八四年一月の、三井三池有明鉱での八三名の事故のあと、わたしは、ある下請けの社長が遺族の家をまわっていて、死亡した兄の身替りにいれる、と弟を説得する場面を目撃した。就職の世話をする、と恩を着せ、親会社(三井)への批判や提訴を封ずるのが、その目的だった。社長自身、遺族たちが騒ぎを起こすと、下請けの仕事を切られる恐怖におびえていた。

「失業が幸福か、就労が幸福か」

そのどちらにしても、地獄であることにはちがいない。

4

『裂』では、兄を事故で奪い取られたばかりの、一六歳の少年の姿が捉えられている。坑内からはこびだされたヘルメット、キャップランプ、電池ケース、鶴嘴、ホゲなどの遺品がならべられた公民館に、その少年は寝泊りしていた。寂しくなるとやってくるらしい。彼は地底から回収された兄のキャップランプを前に考えこんでいる。

「ほらこんなふうにコードが丸めて結んであるでしょう。きっと兄さんはなにかの意味をこめて結んだと思うのです。ぼくは毎日その意味を考えているのです。でも、ぼくにはまだその意味が分らない」

その少年も、またやがて坑内に下がったのかもしれない。坑夫たちは、たいがい、家族の幸せのために危険な労働を引き受ける。少年を進学させるのは、坑内にはいった兄の夢でもあった。兄の突然の死によって、少年の夢もまた断ち切られた。おそらく、これまでの炭鉱事故は、ささやかな夢の膨大な集積を、無惨にも破壊しつくしてきたことであろう。

筑豊の坑夫たちの悲惨は、労働の悲惨と生活の悲惨の相乗作用によっていた。腹這いになって口でスラを曳く、尊厳など木端微塵に破壊した労働と生活保護以下の賃金、そして暴力と事故。日本の資本主義が、このような暗闇によって支えられてきたことを、決して忘れることはできない。

「夜、ねるたびに、のら犬やら、のら猫やらに、なったゆめばっか、みるよ……。のら犬やら、のら猫やらの、ほんなこて、うらやましかよ……。人間にうまれおちたことの、ほんなこて、くやしかよ」(『炭鉱節のふるさと』)。

重労働と飢餓賃金ともいえる低賃金に苦しむ労働者たちの、破れ畳のうえで結ぶ夢が、のら犬やのら猫の自由でしかなかったことについて、上野英信は「ゆめの華麗、ここにきわまり、人間の悲惨、またここにつきるというべきであろう」と書きつけている。それが、「二十世紀後半の日本資本主義がプロレタリアートに与えることができた、唯一にして最高の恩寵」である、という上野英信のにがさは、おのれの坑内体験と長屋生活によって共有されたものであり、だからこそ、彼はこのように突きはなして書けるのである。

しかし、六〇年代における筑豊労働者の悲惨が、それで完結したのではけっしてなかった。カラーテレビや大型冷蔵庫やビデオカセットに取り囲まれるようになったとはいえ、大鉱山の労働者たちの運命が、筑豊の労働者のそれとさほど変わったものでないことはすでにみてきたとおりである。

さいきんの事故が、近代設備を誇るビルド鉱山で続発し、その犠牲者が、かつてのように下請労働者に偏しているというのではなく、過半数を本工労働者が占めるようになったのが、現代的特徴である。それはそのまま、炭鉱労働運動の衰退を物語り、大企業の本工労働者が、ついにかつてみくびっていた筑豊の小鉱山《こやま》の労働者と運命をともにするようになった歴史の深化をも示している。

「とにかく常識はずれの、ナンセンスな、バカげきった事故」

と上野英信は、六一年三月九日の豊州・上清炭鉱七一名の死亡事故について書いている。上田鉱業ではその半年前にも、六七名の犠牲者をだす事故を起こしている。上田一族は、炭鉱労働者の膏血を絞って全国の長者番付のトップを独占してきたとはいえ、たかだか筑豊での中小炭鉱のオーナーにすぎない。

が、事故後の沈黙は、北炭、三井、三菱などの大事故後の対応に引き継がれた。圧制ヤマの全国化である。

5

しかし、身近なものたちの生命が奪われ、それがあすの、おのれの運命になろうとしていてなおかつ、起ちあがろうとしないのは、ひとり炭鉱労働者ばかりではない。たしかに、炭鉱ほどには想像に絶する大量死は続発していなかったにせよ、その後、公害工場での労災、職業病での死者は日常的につづいている。それはあたかも、ひとり、ふたりの落盤事故などでの死者は、さほどの問題にされなかったことによく似ている。

企業内からの公害告発の声は、会社の存在をおびやかす裏切り行為として仲間から白眼視される。いまでは、労働者の正当な権利としてのストライキでさえ、企業間競争に意識を縛られた労働者にとっての敵対行為とみられつつある。のら犬やのら猫の自由など、管理社会での見果てぬ夢とでもいうべきものとなった。

六〇年代以降、日本の産業政策は、石炭産業の選別と淘汰(ビルド・アンド・スクラップ）、その一方での石油産業の育成、強化へとむかった。それも束の間、石油政策は行き詰り、こんどは、原子力産業の育成へと破滅的な行進をつづけている。

原発ではたらく下請・孫請労働者は、かつてのように周辺農村部の出身者ではなく、ドヤ街に流れついた「不安定労働者」によって占められている。被曝の恐怖は、すでに原発立地点での常識となり、炭鉱離職者などの慢性的な失業者に担わせられるようになった。被曝した労働者は原発地帯にとどまらず、そのあと流れついた先でガンや白血病患者となって死に絶える。そうなれば、もはや原発との因果関係など、証明のしようもない。

さいきん公開されたアメリカ映画「シルクウッド」は、テキサス州のプルトニウム工場で実際に発生した被曝と謎の殺人事件をあつかったものだが、労働者たちは、女主人公であるシルクウッドが準備している被曝についての内部告発に反対する。工場の安全管理が社会問題化すれば、「会社が倒産してわれわれは失業する」という恐怖からである。

事故よりも失業が恐ろしい。それはひとり炭鉱だけの論理ではない。なぜならば、事故は発生するかもしれないが、それは将来の可能性にすぎず、失業はあすの具体的な屋根とメシの喪失だからである。

このようにして、数多くの坑夫たちは地底で息を引き取り、その希いを踏みにじって炭鉱は撤退した。北九州の筑豊炭田がそうであり、北海道の空知炭田がそうである。おそらく、失業者や出稼ぎ農民がはたらく原発もまた、そうなるであろう。

「失業が幸福か、就労が幸福か、とうてい簡単には判断しがたい状況でさえある」

上野英信がそう書いてから、すでに二五年の歳月が流れた。それ以来、失業の恐怖によって炭鉱に縛りつけられ、無念の死を遂げたものは、大事故だけでも一〇〇〇名をはるかに越える。炭鉱での大量死は、これからもつづくであろう。そして、これからは、原発や再処理工場での被曝者が、その葬列につづこうとしている。

生活するために死に絶える。この資本主義社会における最大のパラドックスは筑豊から全国化し、国際化しつつある。とすれば、わたしたちは、この二五年をまったく無駄に生きてきた、ということになる。

上野英信の作品は、明るい未来をさし示す、というようなものではない。しかし、この闇を凝視《みつ》め、共通のものとすることなくして、闇から脱することはけっしてできない、と断言できる。

上野英信(本名　鋭之進)　一九二三年山口県生まれ。旧満州(大連)に創設された指導者養成大学「建国大学」に学んだことが、生涯の負の記憶になる。学徒出陣に応召した後帰国、広島で被爆、京都大学を中退して、九州の筑豊炭田のちいさな炭坑で坑夫となる。

鞍田町の炭坑住宅に暮らし、生涯、坑夫のことを書き続けた。八七年一一月没。主な著書『追われゆく坑夫たち』『地の底の笑い話』『出ニッポン記』。

放浪の果てに知った人の優しさ——灰谷健次郎

1

灰谷健次郎《はいたにけんじろう》さんの仕事部屋は、東京・四谷にある。ちかくから電話をかけると、彼はマンションのある通りに出て待っていた。はるかむこうで、ペコリとお辞儀をする。このひとはいつもこうだ。

四階の2LDKの部屋は、整然としていて、住人の几帳面さをよく物語っている。電気釜、茶わん、コップ、皿などが、流しの上の棚にキチンと片付いていて、ひとり暮らしがサマになっている。仕事机の前に坐ると、即座にリンゴジュースが出てくる。気がつくと、ちいさな、シャレた鉄製の灰皿が手許にある。彼は煙草を喫わないから、それはわたしのためなのだ。

それで、アジアのくにぐにや沖縄を放浪していたとき、なにを考えていたのですか、とわたしは質問のつづきを口にする。

「学校、一七年間やってきたでしょ。でも、脱力感があって、自立的に生きてない。

それで、うろうろして、よくわからない暗い気持ちになって、それにあわせて、まあ、結婚がやぶれてしまって。だから、やっぱり人間がみだれて、はずかしい人間だったんでしょうね、きっとねぇ。おれはなにを考えてこういうことをしてるのかって、その意識がものすごく希薄だったんじゃないでしょうか」

――うーん、よくわからない。べつにキューダンしているんじゃないんですけど。

「だから、質問じたいがぼくの痛いところを……。あえて、そのときのイメージを一言でいうとすると、やっぱり逃避なんでしょうね。しんどい、いや、こういう人間にかかわって、こうあることがもういややから、どこかへって。もともと、自分に愛想つかしてたってことがあったんでしょうね」

神戸の小学校の教師をやめたのは、三七歳（一九七二年）の五月である。朝礼台にあがって、全校生徒の前で、突然、「学校の先生をやめます。きょうから、ただのオッサンになります。さようなら」と宣言して、同僚の教師や子どもたちの度肝をぬいた。

「ええーッ、そんな殺生な！」

子どもたちのあいだから、悲しみとも怨嗟とも驚きともつかない声があがった。赤いTシャツ、緑の短パン、下駄ばき、小柄な身体で日焼けしてまっ黒。「ハイケーン」と渾名されて灰谷センセーは、校長や教頭はべつにしても、子どもたちのあいだでは人気がたかかった。

「灰谷先生が担任になると、子どもや親たちは喜んでいたんですよ」

おなじ小学校にいた坪谷令子さん(画家)の証言である。彼がいなくなって「学年文集」が発刊できなくなったというほどに、作文教育に影響力があった。退職金は二〇〇万円ほど。それで旅に出た。

「当時、結婚していましたからね、それで家に帰りました」

教師をやめる前と後に、二度の結婚生活があるのだが、理論社の自筆年譜では触れられていない。

「ぼくはそのとき混沌《こんとん》としていた。

混沌の中で教師をつづけることはできなかった。

兄が死に、母が死に、そして、ぼくの胃に二つ穴があいた」(『わたしの出会った子どもたち』)。

長兄の自死がダメージだった。

インドやタイをまわっていた。アジア旅行が、いまほどブームになっていなかったころである。カネを使い果たして、復帰直後の沖縄へ渡った。

「それで、なにを考えていたんですか」と、「灰谷健次郎」になる前の灰谷健次郎について質問を投げかけるのだが、本人は「なにを考えていたんでしょうか」と当惑気味で、「わりと放心状態って感じで」と考えこんでいる。

小説を書く夢は捨てていた。教員生活のかたわら、読売短編小説賞、アカハタ短篇小説賞、日教組文学賞、新潮同人雑誌賞などを受賞、武田泰淳も激賞して、将来を嘱望されていた。が、好事魔多し、とか。『新潮』に掲載された「笑いの影」が、差別小説として部落解放同盟から糾弾され、小説を書けなくなっていた。

2

「なにをしても、もう、なんかいややなぁって、あの時分は生きてるより、死んだほうがいいかなって」

沖縄は先島、宮古や石垣島にいて、製糖工場やパイン工場ではたらいた。日給一八〇〇円。民宿代が一五〇〇円、サイダー瓶ほどの泡盛が一本二〇〇円。そのカネも尽きて、廃屋にもぐりこんで寝たりしていた。捨てバチの荒んだ気持ちでいたとき、一緒にはたらいていたオバチャンが、兄の死にこだわる彼を諭していった。

「ハイタニさん、自分を責めて生きて、それで死んだ人がしあわせになれますか」

沖縄のやさしさは、生命を生かされていることを知っているやさしさである。

「自分では、不幸や不幸やって思ってたけど、客観的にみればいろんなひとに育ててもらったなあーって」

教師をしていたときには気がつかなかったのだが、やめてみて、どん底にいた自分が子どもたちに助けられてきたことの多さに気がついた。沖縄に暮らしていて、それを書いておかんと、との気持ちがポッと芽ばえた。

神戸の東灘区。その後、阪神大震災で大打撃を受けた地区である。甲南荘二階四畳半。コマ割りされた暗い部屋に閉じこもって、一日何枚かずつ書きはじめた。七三年、三九歳になっていた。生活は、画用紙を切って手製の詩集をつくり、友人たちに売りつけてしのいだ。一年の放浪のあと、一年がかりで書きあげたのが、のちに二〇〇万部の大ベストセラーになる『兎の眼』である。

ゴミ処理場のそばで暮らしている鉄三という名の少年が主人公で、「教員ヤクザ」との交流小説である。子どもたちを捨てて、「そんな殺生な!」と叫ばれた負い目が、この作品にこめられている。『兎の眼』で、その足立先生は、自分の子どものころについて、こう語っている。

「先生はドロボーが恐ろしゅうて恐ろしゅうてかなわんかった。だから、四、五回でやめてしもうた。先生のおにいちゃんはドロボーが平気やった。なん回もなん回もドロボーしたんやな。きょうだいが七人もいたからツバメがえさをはこぶようになん回もなん回もドボローしたんやな」

敗戦直後、まだ、疎開先の岡山にいた。三菱神戸造船所の旋盤工だった父親とおなじ工場に勤めていた長兄が、電車の脱線事故に遭って重傷、母親が見舞いに駆けつけたため、留守をまもる幼い兄妹たちには、食べものがなくなった。足立先生の話には、このときの灰谷少年の飢えの体験が投影されている。

母親から子どもへと読みつがれている灰谷文学は、どうしたことか、教科書的に読まれているキライがあるようだが、本人のどこかアナーキーな反抗の気風は、正当に評価されていない。

――読者のあいだで、灰谷さんには、聖人君子のイメージが強すぎるんじゃないですか。

「ぼくもそう思うんやけど。あることないこといわれるのはかまへんけど、ときにはないことないこといわれるからね。自分で実際とちがうひとに受け取られることは、ほんとにいやだったの。だけど、ぼくはある時期から、超えた」

神戸の中学校二年のとき、進学組、就職組に分けられた。就職組にいれられて、学校が面白いはずはない。「たまに学校へ行くとけんかばかりしていた」とか。就職試験はどこも受からなかった。身体がちいさいことが災いした。進学組からも就職組からもハミだして、まいにち職業安定所で、ニコヨン（日雇い労働者）の行列にまじって職探しをしていた。

「定時制高校に通いたい」という彼の希望を容れてくれた求人主は、「突き出し菓子」製造の主人だった。屋根裏部屋の住み込み店員となった。相棒たちは、彼よりも年下の学校へ行けない少女たちで、賄いのオバサンは知的障がい者。通学の許可は低賃金の見返りだった。少女たちは、一日中、湯につけてやわらかくなった落花生の皮を、一粒ずつ剝《む》かされていた。

菓子製造業といっても、ピーナツやおかきや干魚をまぜくちゃにしたようなものだった。場所は、三宮駅のむこう側、新聞会館(神戸新聞)の裏側で、戦後の暗黒街ともいうべき国際マーケットの中だった。

突き出し菓子屋に三カ月。そのあと沖仲仕、ゴム工場、印刷工場、そして、三菱造船の下請け「社外工」。工場事務の仕事だったが、それを蹴とばして溶接工になった。それも反抗の気風のしからしめるところだが、朝鮮戦争がはじまると、戦場で使う橋梁の電気溶接では、わざと手抜きしていた、というから、すでに反抗は抵抗に変わりつつあった。

そのころの定時制高校には、社会科学を教える教師が多く、ソ連で出版された『経済学教科書』の翻訳本を使って、マルクス経済学の学習会がひらかれたりしていた。彼は、弁論部の部長として全国大会に出場したり、民青(民主青年同盟)との共催で「時局批判弁論大会」を主催したり、政治的に左傾していった。

父親ばかりか、長兄、次兄、すぐ下の弟まで、三菱造船の養成学校にはいったエリート工員だったのだが、本人だけが「社外工」になったのは、おそらく、その文学青年の魂が、どこかでカタギの社員にたいする抵抗感になった、とはわたしの推測である。

「高校から大学にかけては、酒とお女郎さんと睡眠薬中毒。ぼくの場合は、アドルムが多かったですね」

無頼派に憧れ、太宰治を耽読していた。といっても、ロイド規格（イギリスの造船規格）三級の溶接免許をもっていたというから、腕の立つ職工さん。歩合給だから収入はよかった。一方ではデカダン、一方では共産主義。小林多喜二もまた愛読していた。

定時制は四年、一九歳で大阪学芸大学に入学。

「父親はあいかわらず賭博狂いだし、次兄はいわゆるグレていたわけだし、口をあけて餌を待っているような妹たちのことを考えると、ぼくの願いを無条件でき入れるだけの余裕があろうはずはない」（『わたしの出会った子どもたち』）。

それでも、大学進学の初志を貫徹。しかし、奨学金がはいると、夜な夜な大阪飛田、天六の巷を徘徊、卒業して教師になってなお、「昼は教師、夜は赤い灯に沈むジキルとハイド氏だった」（年譜）。教育ママが驚倒するようなデカダン生活は、その当時の文学青年の慣《なら》いで、児童文学を書くことなど、考えていなかったことを示している。

彼は児童文学とは異質の地点から、膨大な若い読者に生きる力を与えてきたのである。

3

沖縄・渡嘉敷島。対岸の那覇から到着するフェリーの岸壁のそばに、灰谷健次郎の漁船「ナイワイⅦ世」(三・五トン)が係留されている。淡路島からここに移住して、もう六年になる。彼はこの島にたった三人だけいる「もぐり漁師」のひとりだ。

上半身ハダカで操舵室に仁王立ち、エンジンを始動させると、船は一瞬のためらいもなく港外に出た。時速四〇キロ、船は波を蹴ってハネ上がっている。わたしは彼の顔を盗み見て、オヤと思った。まるで別人のような精悍な表情になっている。

やがて船を碇《と》めた島陰のひっそりした漁場は、枝サンゴや岩サンゴの群生地で、その深い谷間に青や緑や黄色い魚が悠然と泳いでいる。海のコバルトブルーは、宇宙船からみた空の色のような静けさである。鉛のベルトを腹にまきつけ、シュノーケルをくわえた灰谷さんは、足ビレを翻して視界から消えた。

わたしは、甲板で中井佳昌さん(四六歳)と雑談していた。灰谷さんにもぐりの手ほどきをした人物である。

「海が好きですね、彼は。三日もつづけてもぐるなど、島の若い衆でもしんどくて、できないことです」

はじめの一週間、中井のうしろで、灰谷さんは黙ってみていた。彼はもの書きだから、と中井はあなどっていたのだが、沈着、かつ本気である。そのあとはすぐ一人前に魚を獲るようになった。子どものころから、須磨の海でもぐっていた経験が生きている。いまでは、渡嘉敷島の周辺で、彼がもぐっていない海はない、という。

と、遠くの海面に、灰谷さんの頭が浮かぶのがみえた。ちかづいてくるそのうしろで、ジュラルミンの板状になにか光っている。舷側のハシゴにとりついた彼は、「『老人と海』をやってきたよ」と、興奮を抑えた口調だ。

ジュラルミンの板にみえたのは、巨大な銀色のシマアジで、全長一メートル以上、引き上げた中井さんが「七、八キロはあるよ」と叫ぶ。海中で五分以上もひっぱりあっていたそうだ。六一歳の体力とは思えない。老練な漁師である。

水中で動いている魚のそばまで接近して、ロープをつけたモリを当てるなど、人間業を超えている。魚の眼をみて、つぎの動きを把握するのだそうだが、魚との心理戦でもある。二日つづけて灰谷さんの漁撈につきあったが、二日とも、ブダイやヒルダイ、チャングスクなど、一〇キロほども獲ってきた。ものの気配に敏感なのだ。

ケニアのサファリ・パークで、おなじサファリカーに乗ったことがある。天井の屋根をあけて、上半身を外に突きだす見物用のクルマだが、灰谷さんは動物をみつけるのが、案内人よりもはやかった。

「あっ、ライオンの夫婦が交尾しよる。あの岩山の上や」と彼が指さしても、冗談ときき流していたのだが、ちかづいてみると本当だったのが証明される。わたしは、ひそかに「ケニアの自然児」と尊称していた。

最新作『天の瞳《ひとみ》』(幼年編)が、よく読まれている。ハミだしっ子の倫太郎が、幼稚園や小学校で波乱をよび起こし、保母や教師をあたふたさせる痛快な小説だが、大人の常識からではなく、子どもの視点で虚心にみればものごとがよくみえる、その価値観の転換を強く押しだした作品である。いわば、管理教育からの解放を呼びかけている、とも読みとれる。

「ぼくのような人間を見捨てずに見守ってくれたひとはいっぱいいてたし、育ててくれたひともいっぱいいてたですね。だから、ぼくの作品では、人間にたいする信頼関係のようなものを、できるだけ失うまいとするのが、圧倒的に多いんですよ」

倫太郎は、これからさまざまな場所で、さまざまな人間と出会い成長していく。灰谷さんは、「信頼」をテーマにこの現代的な自己形成小説(教養小説)に取り組んでいくのだが、倫太郎のさまざまな女性との恋愛遍歴も描かれる、とか。「児童文学」の枠を超えそうである。

4

その一方では、この小説には、パンクを修理する自転車屋の手さばきや腕ききの大工である「じいちゃん」の哲学なども細かく書きこまれ、灰谷少年が育った職人一家の世界が色濃く投影されている。

倫太郎にはモデルがある。いま三一歳になる四日市に住む青年だが、作者がモデルたちとよく海外旅行などをしているので、モデルに影響を与えながら小説を書きすすめる、「現実参加」小説ともなっている。

「健さんは、ちいさいときにいろいろ教えてくれたじいちゃんにちかい人やな。その後ろ姿に似てるんや。三回もかみくだいていってくれはって、それでもまだわからないでいると、どこか一緒に旅行したりしたときなど、ふと、あれはなあ、こんなことやったんや、といってくれたりします」

実在の倫太郎によれば、たいがい先に察知してくれる気遣いのひと、ということになるのだが、灰谷さんもその彼に触発されているから、子どもらしい子どもの可能性を、小説で一緒に実験しているようでもある。「共育小説」というべきかもしれない。

灰谷健次郎と会って、羨しいと思うのは、禅僧のようにスッキリしている身のこなし、である。というと、彼は「溜《た》めこまへんもんな、重いものを」とつぶやいた。

――いつからですか。

「兄があんな死に方をして、ひとがつくったものはぜんぜん虚しいわ、という感じ」

差別をもっとも憎んでいたはずなのに、差別問題を起こして徹底的に糾弾され、不平等をなくそうと思っていたのに共産党から査問され、教師でありながら紅灯に耽溺し、嫌っているつもりはないのに、妻からどうして嫌われるのかわからない、といわれる。

睡眠薬中毒となり、極度の精神症になり、自殺を念慮し、と、いわば苦悩の半生だったのだが、いまは畑を耕し、魚を獲り、フルマラソンを走破する健康体と自由を保持している。人生の達人、ともいえる。

――いまの子どもについてどう思いますか。

「基本的には子どもに変わりはない。子どもは感受性が強いので、その時代の文化とか教育とかにモロに影響を受けます。そのゆがみは、子どもの罪ではない。教育を変える力は、教師にあるってことを自覚してほしいんやけど、そうは思ってないんやね」

どんなマイナスでも、プラスに転じる力を与えるのが教育だ、とわたしは思う。灰谷文学の教育性は、著者の八方破れの人生にある、ということを、世の親たちはもっと理解すべきであろう。

灰谷健次郎　一九三四年一〇月神戸市生まれ。小学校教員のとき、児童詩誌『きりん』の編集に参加。六七年長兄の自殺にショックを受ける。七二年退職して沖縄、アジアを放浪。七四年、『兎の眼』を書いてミリオンセラーとなる。次作の『太陽の子』もロングセラー。九七年、神戸児童連続殺傷事件が発生、加害少年の顔写真を掲載した写真週刊誌『フォーカス』に抗議して、新潮社からすべての版権を引き上げる。二〇〇六年一一月没。

ナイーブな青年のままで——松下竜一

1

松下竜一さんにはじめてお会いしたのは、上野英信の「筑豊文庫」でだった。福岡県鞍手町。このとき、わたしは「三池闘争の二〇年後」を取材するため、大牟田に滞在することに決めて、上野さんのところへ立ち寄った。上野さんは、『出ニッポン記』(社会思想社)を書くための、ブラジル、ペルーの取材旅行から帰ってきたばかりだった。一九七〇年代後半のことだった。

陽が落ちかかったころ、静かな面持ちの青年がはいってきた。わたしは、上野家を訪れた連中がいまでも懐かしく思っている、居間にどっしりと据えられた、大きな、四角い、木づくりのテーブルを前にして、上野さんが甕《かめ》ごと抱えてきたテキーラをご馳走になっていた。

近所の青年が遊びにきたのかと思っていたのだが、それが松下さんだった。小柄で、芯の強そうな青年で、落ち着いていた。だからわたしなどよりは、はるかに年上のように感じられたのだが、実はひとつだけ先輩でしかなかった。

わたしは駆けだしのライターだったが、彼はベストセラー作家としてよく知られていた。それでも寡黙で控えめだった。

そのとき、松下さんとどんな話をしたのかは、残念ながらよく憶えていない。おそらく、背筋を伸ばし、右の掌で手刀をつくって、空気を切るようにして話す上野さんの南米土産の笑い話に、松下さんとわたしは、二つの頭を並べて聞き惚れていたのであろう。

いまでも申し訳ないことをしたと思うのだが、上野さんとわたしは、一滴も飲めない松下さんに、せっかくのテキーラだからと言ってすすめ、彼も意を決したかのように、一気に飲んでしまい、点滴を受ける破目になってしまった。

松下さんの不思議は、年ごとにラジカルになっていくことである。それはあたかも、酒をすすめられれば、あとの七転八倒の苦しみなどかまうことなく、平然とつきあう思いきりのよさにもつながるようだ。彼はいつしか、セメント工場の建設に反対する臼杵湾の漁民や女たちの闘争の紹介者から、地元での発電所建設に反対する運動の中心人物になっていく。

こうして、『豆腐屋の四季』（講談社）のベストセラー作家が、運動の当事者であり、記録者でもある、という日本の文壇ではまったく異端の作家として転生する。

「わずか二年前の、テレビドラマでもてはやされた私が、発電所の建設に反対する主謀者として登場したとき、中津の町ですっかりキラワレモノに変わっていた。『豆腐屋の四季』の読者からも『あなたはすっかり変わってしまった。やさしいあなたに戻りなさい』という手紙を貰うのだった」

反対運動の機関紙である「草の根通信」が、地域を超えて、全国的なひろがりとともに、いまなおお発行・発送されているのをみれば、発行者の外見からではうかがうことのできない、尋常ならざるエネルギーを思い知らされる。

2

松下竜一さんの全集がでると聞いて、「おお、よかった」ととっさに思ったのは、彼のビンボー暮らしを知っていたからだ。年収二〇〇万円と聞けば、わたしのほうが彼よりはまだ恵まれている。

実は以前、福岡市で、それが大杉榮をしのぶ集会のあとだったか、それともその前の「伊藤ルイさんを送る会」のときだったか、たぶん、一九六九年九月の大杉榮・伊藤野枝追悼会のあとだった、と思うのだが……。

「わたしは、松下さんにつれられて、会場ちかくの高級ホテルの喫茶室にいき、やはりルポルタージュを書いている、下嶋哲朗さんらとコーヒーを飲んだ。ところが、そのとき支払いの段になって、松下さんがすばやく伝票をつかんでしまった。

それでわたしはすっかり恐縮してしまった。本来ならば、彼の年収よりはすこし多いわたしのほうが支払うべきもので、彼に負担をかけるなど、とんでもないことなのだ。そんなこともあって、『全集』刊行のニュースをきいて、なにか借りを返せるような気分になって、宣伝これつとめるチャンスのように感じられたのである」（『朝日新聞』西部本社版、一九九八年一〇月一日）。

と書いたのは、彼の全集がすこしでも売れてほしかったからだった。

大杉栄・伊藤野枝の四女・ルイさんのさわやかな苦闘を描いた『ルイズ――父に貰いし名は』（講談社）のあと、松下さんは、大杉の同志で無念の死を遂げる、和田久太郎の一生を描いた『久さん伝――あるアナキストの生涯』（講談社）へと、アナキストへの同調を隠さなくなる。それは運動の渦中でみた、革新政党のだらしなさと傲慢さにほとほと愛想がつきていたからであろう。

市民運動といいながらも、松下さんの胸の中では、国家にたいする叛逆の想いがしだいにふくれあがっていく。かつて勢いのよかった論客たちが、しだいに体制化していくのにまるで逆行するかのように、彼はますますラジカルになっていく。

企業爆破事件の被告にたいするシンパシーによって書かれた『狼煙を見よ』（読売新聞社）では、警視庁の家宅捜索を受けるなどの嫌がらせに遭う。それへの怒りをバネにして、『怒りていう、逃亡には非ず』（河出書房新社）を上梓、ついに日本赤軍のコマンドにたいする共感を明らかにするのである。

虚弱で、あらゆる運動が苦手だった青年が、敢然と過激派退治の警察庁と対決するのだから、目をみはらせて余りある。


泥のごとできそこないし豆腐投げ怒れる夜のまだ明けざらん

まだ、自分自身にも正体不明だった青年の怒りが、あれよあれよとばかりに、投げつけるべき相手の姿を明確にしていくのをみれば、おなじ物書きとして「負けられない」との想いを強くさせられる。

内気で控えめだった青年が、全国の市民運動に、理論的かつ精神的な影響をあたえるようになるのは、目の前に起こったことから逃げられない誠実さによる。それは、下戸であっても、平然としてテキーラを体内に流しこむ潔さによくあらわれている。

わたしがいちばん好きな作品は、ダム建設反対運動で、孤立しながらも莞爾としてたたかう室原知幸を描いた『砦に拠る』(筑摩書房)である。主人公と松下竜一の憤怒がよく伝わってくる。

「私もまた思いがけないなりゆきから、一九七〇年代の住民運動の渦中の一人となったが、自らが孤立した状況へと追い込まれるにつれて、室原氏の孤絶の晩年に思いは吸い寄せられていった」

と彼は書いている。

日本が変わるには、地域が変わらなければならない。松下さんは、地域の最前線にいて困難なたたかいを強いられていたのだが、いまそれが受け入れられている。といって、彼はいまなお、はじめて会ったころのナイーブな青年のままだ。

松下竜一　一九三七年二月大分県中津市生まれ。高卒後、家業の豆腐屋を継ぐ。六八年歌文集『豆腐屋の四季』を自費出版（翌年講談社から復刊）。同書がベストセラーとなり、映画化。火力発電所建設に対する反対闘争を描いたルポルタージュ『風成の女たち』以降、環境問題の運動に関わり、七三年「草の根通信」を刊行。『砦に拠る』。著作集『松下竜一　その仕事』全三〇巻がある。二〇〇四年没。

地獄絵の表現者となった妻と夫——丸木　俊

1

台風がちかづいていた。

東武東上線、森林公園駅からクルマで一〇分たらず。武蔵野の名残りというのだろうか、欅《けやき》や橡《とち》や杉などの鬱蒼とした木立が風に重く揺れるむこうに、倉庫風の無骨な建物が姿をあらわす。

「原爆の図　丸木美術館」である。

その裏手にある、和風二〇畳あまりのアトリエで、ひとりの老女がガラス戸のそばの肘掛け椅子に身をゆだねて、崖下を流れる川に視線を投じていた。

「おもしろいね。ホラ、いろんなものが流れていく」

雑木林のあいだ、熊笹のむこうに、水嵩を増した幅五〇メートルほどの川が、勢いよく流れ下っていくのがみえる。荒川と合流し、東京湾にそそぐ都幾《とき》川である。

丸木俊《まるきとし》は、よっこらしょっとばかり腰をあげ、部屋のまんなかに据えられた、ちいさな座卓にむかって歩をすすめる。足どりがおぼつかない。話しかたは間のびしていて、とぼけた味わいを醸しだしている。八五歳。

「原爆の図」をともに描いてきた丸木位里《いり》は、二年前の一九九五年一〇月、九四歳で先立った。眠るがごとき大往生だった、とつたえられている。

――位里さんって、どんなひとだったですか。

「うん、あれ、もう好き勝手なことしているひとで、自分で生きたいように生きたひとですよ。位里自身は幸せです」

――といいますと、俊さんは？

「そうですねぇ、あれが、女好きだから、あっちいっても女、こっちいっても、で。だからまあ、いろいろ困りましたけどね、歳とってきたらもう、めんどうくさいから、腹たててもしょうがないと思って、放っておいた、フフフ。わたしは六人目の女房です」

驚いて顔をみる。穏やかな表情である。

「前の奥さんとも、わたし、仲よくなって、いろんな話して、あの男はどうしようもないから、もうあんたにあげた、というのも悪いけど、お好きなように暮らしてくださいって。いまはなにか、オーストラリア、南の島で暮らしています。あなたのこと、探したらわかるかしら、といったら、わかるわよ、せまいところだからっていうんですよ、行きたいと思いますね、あそこにしかカンガルーいないの、おもしろい格好の動物ですよね」

話は横に流れだす。前夫人を、共産党の創設者のひとりで、のちに社会党の国会議員、衆院副議長になった高津正道に紹介したのは自分だ、という。それよりも、もうすこし位里のことをきいておかねばならない。

——落ち着いたのは、どのくらいしてからですか。

「ずいぶん歳とってからですよ。そうそう、若いときにはね、女好きだと、わたし、寝ていられないでしょ。どっかいったのはわかってんだけど、じっとしていられないから、探しに行くでしょ。ずっとこの辺、笹ヤブだったのね、マムシがいるんだよね、それで、マムシに咬まれたら困るなあと思って、また帰ってきますけどね。位里は歩いてサササっていくでしょ、マムシに咬まれないで、フフフフ」

——マムシに護られているんですね。

「でもね、マムシの子どもはね、わたし獲るの上手だったんだ。笹ヤブで子どもがいっぱい生まれるの。あれはタマゴからではないの。胎生《たいせい》なんですよね、でてきたらじっとみているのよ、そうするとね、ここ(胴体)がきゅうっと細くなってこっちを狙う、そのとき火ばさみでつかんで、一升ビンにいれる。するとね、いやだといって、ビンのまわりをグウッとまわるのよ。先に水にいれてウンチをだすと、臭くない」

——マムシ酒をつくるんですね。

「位里にも飲ませるし、わたしも飲んだ。アハハハ」

——ずいぶん、位里さんはマムシの恩恵に。

「エヘヘヘ」

2

小学校六年生のころだったろうか、わたしははじめて「原爆の図」をみた。先生に引率されて行列をつくり、駅の方まで歩いていったような気がする。

薄暗い部屋で、ぼろぼろになった裸の男や女が、幽霊のように垂れた両手を前にだして、ゆらゆらと歩いていた。音はなかったはずだが、会場いっぱいに、ひくく重苦しい音楽がひびいているように感じられた。

「それは幽霊の行列、一瞬にして着物は燃え落ち、手や顔や胸はふくれ、紫色の水ぶくれはやがて破れ、皮膚はぼろのようにたれさがった。手をなかばあげて、それは幽霊の行列。破れた皮を引きずって、痛いよ痛いよと群れて歩いていたのでありました」

俊の文章である。

位里は広島市の郊外、飯室村の農家に長男として生まれた。いまは市に編入されているが、うしろまで山が迫った寒村で、広島湾にそそぐ太田川に面していることもあって、船宿もやっていた。

原爆が投下された三日目に、位里は年老いた両親の安否を気づかって、疎開先の浦和（埼玉県）から広島にむかった。それから一週間ほどして、俊も位里のあとを追って広島に発った。彼女は北海道の旭川にちかい、深川から留萌《るもい》線で二つ目、秩父別《ちっぷべつ》のお寺の長女だったが、北海道には帰らず、東海道線で西下した。

広島駅にちかづくにつれて、視界いっぱいに灰色の街並みがひろがる。駅は崩れ落ちて、コンクリートの柱だけがたっていた。目路《めじ》の限りの焼け野原だった。位里の実家は、屋根瓦も壁のガラスも落ちたが、倒壊は免れていた。翌日、洗濯物を干しに裏山に登ってみると、いままでは人家の陰になってみえなかった広島の街が、一望に見渡された。そればかりか、宮島まで望まれたのだった。

位里の妹のあやは、洗濯物をひろげているとき、強烈な光線を浴びた。爆風でとばされ、気がついて起きあがってみると、シーツを握っていた両手の指とモンペの下の膝を火傷していた。それでも、たまたま白いシーツの陰になった顔と胸は無傷にすんだ。

ちかくの従兄弟の家は吹きとばされた。ガラスの破片を浴びた従兄弟は、木の枝から吊るされた蚊帳のなかに、血だらけになって寝かされていた。傷あとに蠅がたまごを産みつけ、肉に食いこんでウジがわき、妻がハシでつまみ取ろうとしてもなかなか剝がれず、彼は痛さに悲鳴をあげていた。

田んぼで草とりをしていた伯父は、光線をまともに受けて、全身の火傷で死亡し、学徒動員で街の工場にでていたふたりの姪は即死した。

小学生の甥は、友だちと朝礼をサボって丘の上の道を歩いていた。爆風をうけてU字溝にたたきつけられた。空が真っ暗になって、ワーっとガラスが飛ぶのがみえた。路上に倒れた友だちは、ガラスまみれになっていた。甥は彼を担いで家に帰った。

「だから、偶然だね、あんなひどいケガするひとと、無傷のひとができるんですね」

畑のカボチャを拾ってきて食べた。広島のカボチャは、円形ではなく、ボウブラと呼ばれる瓢箪形である。グチャグチャになったところは捨て、堅いところを刻んで、カボチャ雑炊にした。下痢と血便がつづいた。放射能をふくんだカボチャだった。

「そういうもん食べて死んだひとは、たくさんいます。わたしは食いしん坊だからおなかがすくんです。若いころは、八杯以上ってあだながついていて、おかわりおかわり。浦和へ帰ってきてからも、長いこと具合いが悪かった。だけど、死なないですんだ。位里はあまり食べるのは好きじゃない。ドブロクなんかこしらえて、飲んでたんでしょう」

原爆の絵を描くようになったのは、それから三年ほどたってからである。

「こういうことが絵になる、なんてぜんぜん思ってもいなかったですね。ずいぶん長いあいだ、描こうとは思わなかった。スケッチはしていないんです。で、モデルさんになってもらったり、いろんなひとの話をきいたりして」

その頃、位里と俊は共産党に入党していた。平和、建設、健康的な笑顔、明るい青年男女がテーマだった。が、ヒロシマを見たふたりの絵は、それを無視した。明るくなるはずはなかった。

「わたしは、裸になって鏡の前に立ち、手を半ばあげて、当時のひろしまの人の姿になってみました。腰に巻いた布は破れ、ふくれあがった顔や手から皮がたれさがっている像なのです。わたしのこの腹の中には生れ出る魂がある、母といっしょに絶えていった生命がある——」(丸木俊『女絵かきの誕生』)。

位里は、表具屋や看板屋ではたらいたあと、日本画家のもとで修業したが、飛びだしてしまう。奔放にして雄渾、シュールでアナーキーな画風は、秩序に収まるべくもない。俊は女子美術専門学校(女子美)で洋画を学び、厳寒のモスクワや灼熱の南洋諸島を放浪したモダンガールだった。それでも、位里によれば、いささか窮屈な「思いつめたら百年目といった女」である。

いわば、水と油の夫婦による共同制作だった。

「わたしは、人間を描くのが好きで、デッサンなんか、一〇〇枚、一〇〇〇枚描きとかいって、よく描いていた。わたしが描いたあと、位里が薄墨をザーッと流すんです。そのときは心配してね。ああ困ったなあ、大変だ、消えてしまった、と思ったりしたけど、そういうの口にだすと、喧嘩になるでしょ。だから黙っていますね。で、朝、起きてみたら凍ってるの。凍ったままで、水蒸気で乾くでしょ。そうすると、不思議な、墨のかたまりっていうか、淀みというか、とてもおもしろいんです。自然の力ですけどね、人間の姿がでてくる」

――位里さんの計算だった？

「そうです。みてください、うしろ、すごいから。いつもは、水がないんですよ、あんまり」

彼女は話しながら、わたしの背中のむこう、崖下にみえる都幾川の増水した濁流に目を奪われている。

「原爆の図第一部・幽霊」が完成したのは、一九五〇年二月だった。東京都美術館での「アンデパンダン展」に出品した。共産党系の団体は、題名を「八月六日」に変えさせた。「原爆」が占領軍の弾圧を招くのを恐れたからだった。この地獄絵を描くのを提案したのは俊だったが、位里の反逆心がそれをささえた。

ヒロシマ、ナガサキ以外の地に住むひとたちは、「原爆の図」によって、はじめて原爆に遭遇した。米軍占領下での検閲があって、被爆の写真など発表されるはずもなかった。会場では「誇張だ」との批判がだされた。その一方では、「原爆はこんなものではない、もっともっと描いてください」という声もあがった。

そのあと、絵を担いで全国をまわることになる美術評論家のヨシダ・ヨシエは、日本人のたいがいは空襲の体験があって、なまじっか悲惨を知っていただけに、衣服が焼け焦げ、人間が裸になってしまう原爆の図を、ことさら誇張と考えたのだ、という。全国を展覧してまわるようになったのは、朝鮮戦争、レッドパージ、メーデー事件など、激動する社会と抵抗運動を背景にしていた。

3

一九五二年四月、対日講和条約が発効、日本は独立国となった。『アサヒグラフ』が、「原爆被害の初公開」として被爆写真を特集したのは、この年の八月六日号、五二万部は即日売り切れた。編集長の飯沢匡の生命を懸けての決断だった。それ以前に、絵を軸に巻いて、列車で移動していた当時二二歳のヨシダと二六歳の野々下徹の勇気は称賛に値いする。警察に尾行されたり、会場の責任者が逮捕されたこともあった。

「反米闘争の一環として、利用されていた面はありました」

と、いまヨシダがいう。共産党の「平和委員会」の組織が、各地でヨシダたちを受け入れた。が、六四年に位里と俊が党を除名されてから、こんどは妨害されるようになった、とか。

それでも、ふたりは描きつづけて、第一三部「米兵捕虜の死」、そして、在日朝鮮人の被爆をあつかった第一四部「からす」を完成させた。位里六八歳、俊五七歳、被爆から二四年の歳月が流れていた。

そのあいだに、南京大虐殺、アウシュビッツもテーマとされ、被害ばかりか、加害責任も追及されるようになった。この視点の獲得ははやい。

「たいてい、夫婦で絵を描いていると、喧嘩するんです。ずっと描いてきたのは、ふたりで力を合わせる共同制作で、喧嘩したくとも我慢していて、ウフフ、そのうち喧嘩することもなくなって、離婚しないですんだ、そういっているんです」

一方、位里は、こう書いている。

「原爆の図」を描いたことがよかったか悪かったか、ちっとばかり気がかりだ。恥を末代まで残したかもしれない。私は何度か焼いてしまおうかと思ったことがある。しかし、これは俊との共同制作だ。私が俊と夫婦にならなかったら、おそらく「原爆の図」も「南京大虐殺の図」も「アウシュビッツの図」もなかったろう。

もしも、原爆と遭遇していなかったら、ふたりはちがう道を歩いていた、との述懐である。あるいは、完成度への不満の表白でもあろう。「よかったか悪かったか」それは後世が決めることだ。ただ、このふたりの出会いが、原爆にたちむかう表現を可能にしたのは、まごうことない事実である。

俊は軍部から、従軍画家として、丹羽文雄といっしょに軍艦に乗って南方へいってくれ、といわれたのだが、知り合いの医者に仮病の診断書をつくってもらって、辛うじて戦争に協力するのを踏みとどまった。

それでも、戦時中に、七冊の絵本を描いている。このうち、『ヤシノミノタビ』(丸山薫・文)は、海を航海したやしの実が、日本の軍艦にひろわれて、「ニッポンノ　クニノオヤクニ　タツ」とよろこんでいる話である。

もう一冊の『ヤシノ木ノ下』(土家由岐雄・文)は、少年のシンガポール旅行記のかたちをとっているのだが、日本軍がシンガポールを陥落させ、「昭南島」と改名した瞬間の喜びの報告である。

もちろん、ふたつとも、文章は彼女ではない。勇ましい戦争画もない。むしろ、控え目ですらある。それでもシンガポール人からみれば、ビルのあちこちに掲げられている日の丸の絵は、けっして穏やかな気持ちにさせないであろう。戦争と無縁に生きることが困難な時代だった。この話題になったとき、俊はすこし表情を変えた。

「戦犯だ、といわれました。軍国主義だって。あそこ、川に、いろんなもの流れてくるなあ、あの白いのなにかなあ、紙かしら……」

戦争中、位里はまったく仕事をしなかった。生活は俊の絵筆にかかっていた。それでも、この負い目があったからこそ、俊は加害者の視点を獲得できた、ともいえる。位里と俊とのつきあいが永く、ふたりを知悉している記録作家の宇佐美承は、こういう。

「俊は一生懸命になる女です。だから本来は自由人なのに、結局、戦争に協力した。だけど、あの頃〝大東亜戦争〟が侵略戦争だと認識していた人がなん人いるでしょう。そこが恐ろしい。俊が戦後、反戦平和の絵を描きつづけた背景に、このことがあると思いたいですね」

4

一九八一年八月、俊は文部省へでかけていった。高校の『現代社会』の教科書から、「原爆の図」が削除の指示を受けたことへの抗議である。「悲惨すぎる」というのが、理由だった。彼女は検定課長にいった。

「悲惨な戦争から、悲惨なものを除け、というのは、『悲惨でない戦争』を教えろ、ということですか」

一六年前のことである。わたしは、そのとき、このおなじ和室のアトリエで俊の話をきいた。彼女はやはり白髪のおかっぱ頭だったが、はるかにテキパキしていた。それを知っているだけに、衰えが心配である。

「あたしね、九州の桜島ってとこ、もういっぺん行きたい。ほんとうに桜の色している島なの。火山でしょ、だからね、きれいな色してんのよ。紫色、ピンクのような色して、海の上にみえるんですね。あすこはもういっぺん行きたいなあ」

位里といっしょだと、彼はさっさと描いてしまって、「はやくしろ、はやくしろ」とせきたてる。日本画は、黒と白だけでチャーと描いてしまう。でも、これからはゆっくり描ける。

「位里がなくなっても、わたしは泣かなかった。自由奔放に生きたひとだからね、だから、わたしは、憎らしいと思ったことはあっても、死んだからさびしいなんて思わない。死んだら、心配ごとがなくなった。エヘヘヘ」

彼女は、川を眺めている。わーすごい、いまからが、ほんとうの台風ね、と子どものように、はしゃいでいる。

丸木　俊(旧姓　赤松俊子)　一九一二年二月北海道秩父別町生まれ。洋画家。小学校教員を務めたあと上京。四一年、日本画家の丸木位里と結婚。原爆投下後、実家の両親を案じて広島に帰郷した位里を追って広島に赴き、被爆の惨状を目撃する。三年後から二人で協力して、「原爆の図」を描き続ける。六七年、埼玉県東松山市(東武東上線森林公園)に「原爆の図　丸木美術館」を建設、「原爆の図」を常設している。

異端児の見得――市川猿之助

1

「そなたの親はこの鼓《つづみ》。鼓の子じゃといいやるからは、さてはそなたは狐じゃの」
芝翫《しかん》が扮する静御前が問いつめると、ヒューと笛が響き渡り、雷序《らいじょ》(大太鼓の効果音)がどろどろ。花道の上で「ハアッー」と叫んだ、裃《かみしも》、長袴姿の市川猿之助が身を躍らせると、姿が消え、五、六秒の間をおいて、縁下から全身白毛に覆われた狐となって這いだしてくる。早替わりである。

客席はどよめき、あちこちから「沢瀉屋《おもだか》!」の声がかかる。

「義経千本桜」四段目の切(四ノ切)。

射止められて鼓にされた古狐の子が、武士に化けて静御前に従い、彼女が手にした鼓のそばを離れない。動物に託した親と子の悲話だが、猿之助の変身の外連《けれん》(離れ業)と狐の身ぶりは絶妙で、満席の観客に感嘆と感動の波が確実にひろがっていく。

ケレンの極めつきは、そのあとである。義経から鼓を与えられた白狐は、大黒頭巾、薙刀《なぎなた》で武装し、義経を狙っている悪僧たちをたぶらかし、立ちまわりしたあと、突然、鼓を口にくわえて天高く飛翔する。

猿之助十八番の「宙乗り」だが、金具で体を締めつけられて吊るされながらも、全身で喜びを表わしているように空中で軽やかに舞い、赤い欄干のうえに提灯を並べた二階の桟敷席を越え、京都南座は三階席の幕かげにすっと姿を消したのだった。

場内には、しばらくのあいだ、興奮とざわめきが残っていた。

2

猿之助が歌舞伎界で否定的なケレンの醍醐味である、「宙乗り」を復活させたのは、一九六四年四月、二四歳のときである。それ以来、彼は面白さを欠き、大衆に縁遠く尻つぼまりになっていた歌舞伎の、大衆化の旗手となった。

そのときの、梨園での口さがない批評は「喜熨斗《きのし》サーカス」。彼の本名喜熨斗と木下サーカスをかけた冷笑である。宙吊りになって手足を動かす姿は、「猿の犬かき」とも揶揄された。

古典芸能に収まりかえっていた歌舞伎界にとって、アクロバットは唾棄すべき趣向として迎えられたようだが、いまさらいうまでもなく、歌舞伎は、京都四条河原の出雲阿国によってはじめられた荒唐無稽にして猥雑なものだった。「芸術」として自足しているあいだに、当初のエネルギーを欠き、化石化していたのである。

「義経千本桜」四ノ切の上演はすでに六五〇回を超えた。早替わり、宙乗りなどのケレンは回を重ねるごとに完成にむかい、そのたびごとにあたらしい客を集めている。

一九八四年一〇月の歌舞伎座公演で、尾上菊五郎は鶴屋南北の「玉藻前雲居晴衣《たまものまえくもいのはれぎぬ》」（演出・武智鉄二）を演じたが、彼はここではじめて宙乗りに挑戦、技術指導を引田天功に仰いだ。一方、夜の部は、やはり鶴屋南北の「菊宴月白浪《きくのえんつきのしらなみ》」（演出・猿之助）。忠臣蔵の後日譚だが、猿之助は二方向に移動する「ダブル宙乗り」を披露して元祖の意気を示した。はからずも宙乗り合戦となったのだが、このことは、体質の古い歌舞伎界でもアクロバット的なケレンが見直されるようになったことを示している。

「ちいさいときにみた芝居は、ものすごく面白かったんですよ。たとえば、祖父（猿翁）の芝居とか、三代目時蔵さんのものとか、バカバカしいやり方がすごく面白かった。そんなのがなぜ排斥されたのかわからなかった。そのバカバカしさをつきつめていけば到達する道があるんじゃないか。子ども心にも、わくわくさせるものに惹かれたんですね。ところが、いまはひと色になって〝華〟がなくなってしまった」

京都南座地下の楽屋で、浴衣姿の猿之助は早口で話す。メリハリがきいていて声が艶《つや》っぽい。生まれながらの歌舞伎役者である。

3

市川猿之助は、一九三九年一二月、三世市川段四郎と松竹の人気スターだった高杉早苗の長男として生まれた。祖父の猿翁は、当時の歌舞伎界では異例の旧中卒の学歴で、旧弊を批判、異端児といわれて、市川宗家から破門されたこともある。その血を受け継いでか、猿之助もまた「異端」「猛優」と形容されてきた。

初舞台は八歳。歌舞伎界ではけっして早くはないデビューである。猿之助襲名は一九六三年、慶応の国文科を卒業した翌年だった。その彼も、高校にはいるころまでは、歌舞伎界に反発していた。先輩は兄さん、先輩の妻は姐《ねえ》さん、年配者はおじさん、そんな一家主義的な呼び方が罷りとおっているのが、子ども心にも不思議だった。

父の段四郎は、いまでいうマイホームパパだった。野球、ゴルフ、パチンコが大好き。仕事もキチンとやって真面目。破天荒なところがなく、「芸も薄味」とは猿之助自身の評である。自分の部屋で本を読んでいると、「おーい、政彦(本名)、ここに来てテレビをみなさい」と声がかかる。野球の中継である。

一五歳のときから、祖父猿翁の家で生活する。体《てい》のいい家出だった。猿翁は手許におきたがっていた。それでも、父は祖父に抗議しなかった。父もまた祖父に絶対服従だったからである。

しかし、いまにして思えば、ほやほやムードの家庭が逆によかったのかもしれない。それにたいして反発と批判が芸術的なエネルギーになった。もしも、破天荒な家庭だったら、いまごろどうなっていたかわからない。

一九六三年六月、祖父死亡。つづいて一一月、父が世を去った。父のガンの発病はその前年だったから、父のほうが祖父より先に逝くと思われていた。祖父がこだわっていた猿之助の名前を孫に譲ったのは、死を予感したからで、死去は襲名の翌月だった。

襲名披露の舞台に顔見せしたのが、祖父猿翁の最後の舞台だった。「三階《がい》（大部屋）」の殺陣師《たてし》の息子だった彼が、市川宗家を破門され、復帰してなおかつ冷遇されながら、一代で梨園に特異な芸風の沢瀉屋をうちたて、期待をかけた孫に芸を伝授して去った。

祖父と父を一挙に失い、猿之助は「劇界の孤児」とよばれるようになる。歌舞伎界では後ろ楯がなければ、なんの力ももたない。

「御曹子がひとりになっちゃった場合はね、だれかの傘下に入るのが普通なんですよね。ところが、傘下にはいれば、そこの御曹子の下につくわけです。実力があっても、花が咲かない人がいっぱいいますし、そういうのをみて、あたくしは嫌だと思ったんです」

悲しい、というまえに、猿之助は奮いたった。後ろ楯がなければ、「吸収合併」もありうる。しかし、自力でやれない、というわけではない。むしろ、後ろ楯があることによって、「宙乗り？　冗談じゃありません。お前さん、そんなことはいけませんよ」といわれかねない。親としての心配は当然だからである。

学生時代、山にのぼるのが趣味で、それは彼の冒険心の発露だったが、やらせてもらえないことも多かった。これからはひとり、生きるも死ぬももうこの身ひとつ、そんな決意が体を貫いた。祖父と父の死によって、彼はむしろ解放された、と感じたのだった。

4

一九六五年七月、東横ホールで春秋会公演。自主上演運動である。あえて異端児と共演したいものは、ぬるま湯の安逸を好む歌舞伎界にはいなかった。相手役は日本舞踊の藤間紫が買って出た。

猿之助は、八つのころから藤間流に踊りを習っていた。沢瀉屋は代々、花柳家と縁が深かったのだが、荒事の伝統に六代目菊五郎の音羽流の芸風をつけ加え、猿之助を女形のできる役者に育てようとしていた。このため、柔軟にしてより繊細な踊りの藤間宗家にあずけられ、藤間紫が全面的にバックアップすることになったのだ。

浜木綿子《ゆうこ》と結婚したのは、一九六五年二月。四歳上のこの宝塚出身女優と歌舞伎役者とのアツアツぶりは、当時の女性雑誌での恰好の話題だった。翌年、長男誕生。が、まもなく別居、そして六八年一月、破局、と暗転した。

午前九時から午後八時まで、彼は出ずっぱりで、舞台で奮闘し、舞台裏を駆けまわり、化粧を塗り替え、衣装を着替える。観ているだけで疲れるほどの超人的活躍が終わったあと、取材に応じ、そのあと打ち合わせが待っていた。

「離婚の原因？　考え方が全然ちがっていました。みつめるもの、家庭のイメージ、人生観のちがい、そういうことです。具体的にいってしまうと相手を傷つけますから……。ソ連とアメリカみたいなもので、平和なら平和でも、ぜんぜん右と左みたいなものですから、一家団欒と芝居の両立というのはむずかしい。家庭は、たしかにこういう仕事にたいして潤滑油になると思いますけど、その半面、しがらみに縛られてやりたいこともできない例もみてきました。舞台が終わると、遅くまで会議とか、プロデューサーの仕事でしょ。そんなことをして家庭をもっていたら問題ですよ、理解がなければ。理解せよというのもむずかしいですしね」

子どもが舞台を観にきていた、というのを人伝てにきいた。舞台を駆けまわり、見得を切って大むこうの喝采をうける父親の姿を、息子は観客席でどんな眼差しでみつめていたのだろうか。

「もし、子どもが歌舞伎役者になりたいと心から思ったとしたら、悲劇でしょうね。それは絶対にしたくない。母親の責任です。わたしがそうさせたわけではないですから」

声を落としていう。母子とは、いま没交渉。東大に入学したことも、あとできいた。舞台で、鼓の皮にされた親狐への慕情を、猿之助は可憐な子狐の姿を藉りて演じ、観客の哀れを誘っている。

主流からはずれた新興の家に生まれ、歌舞伎界ではめずらしい学卒者として客観的な目を獲得した猿之助は、異端の場から出発して歌舞伎大衆化の中心人物となった。

ヨーロッパに出かけて歌舞伎教室をひらき、一九八四年はパリ・シャトレ劇場でのオペラの演出まで手をひろげている。イタリアのボローニャでの、歌舞伎教室のドキュメンタリーフィルム撮影のため同行した、NHKの津川安男プロデューサーは、こういう。

「朝から実技指導、午後は講義、夜中の一時からパーティー、それが三時、四時までつづくような生活を繰り返してもいっこうにバテない。恐るべきバイタリティです。そして翌日の準備から、スケジュール作成、アイデアもぜんぶ彼がだす。伝承の世界の人間で、あれだけのアイデアマンは珍しい」

ここなん年か、歌舞伎座公演の千秋楽にカーテンコールの拍手がおこるようになった。幕が降りても客が立ち去らないのである。

弟の段四郎によれば、猿之助は無口で、いつもはボソボソ声でしか話さないという。舞台で熱演し、そのあとも熱っぽく歌舞伎について話した彼の姿とまったくそぐわない。わたしはその話をきいて絶句した。家庭も捨て歌舞伎だけに生きる男、異端は傾《かぶ》くものの別名でもある。それがしだいに主流となり、権力をもつとまた堕落がはじまる。が、猿之助はそれも十分に弁《わきま》えている。

「中途半端はダメな時代、歌舞伎にとってよくない時代とは、逆にいえば、見直されるチャンスでもあるのです」

猿之助は力をこめていった。

市川猿之助（三代目）　一九三九年東京で歌舞伎役者・市川段四郎の長男として生まれる。伝統から消えかかっていた宙乗りの外連《けれん》を復活させ、歌舞伎の魅力を再生させた。「スーパー歌舞伎」「歌舞伎界の異端児」が代名詞。

銀幕に映らなかった登場人物——今村昌平

1

瀬戸内の海辺を、柄本明扮するところの「カンゾー先生」が、全速力で走っている。麻の夏服にカンカン帽、左手に黒の診療鞄、片足折れなば片足にて走らん、両足折れなば手にて走らん、それが町医者だった親の遺訓である。その遺訓を受けて、彼は患者を救うべく息をかぎりに走っている。今村昌平監督の最近作「カンゾー先生」冒頭のシーンである。

——やはり、お父さんも走っていたのでしょうか。

「どこまで走りましたかね。親父はけっこうな中距離ランナーでしたから、はじめは走っていたけどね、年をとってからは人力車でまわっていました」

——耳鼻科の医者でも、急患がでたのでしょうか。

「たくさんありました。とくに夏はね。子どもたちがプールにはいって、中耳炎になるものでしたから、かき入れどきでしたよ」

東京の小田急線代々木上原駅。ガード下に伸びるうなぎの寝床のようなビルの奥まった部屋。今村監督は、大きな机を前に、背もたれのある椅子に坐ってこちらをむいている。若いころの精悍さはいま温顔となり、茫洋として大人風《たいじん》。ピクリともせずに質問に耳を傾け、ひっきりなしにキャビンを銜《くわ》えては、たばこ屋のおまけのライターで火をつけている。

その間、頭のうえをゴトゴト電車が通りすぎる音がしている。黒澤明監督の通夜にでかける時間がせまっているようだが、わたしには聞きたいことが山ほどある。

山手線大塚駅の南口に向い合うようにして、「今村耳鼻咽喉科医院」があった。木造平屋建て、うしろに三業地を従え、待合室には老若の芸者の脂粉の香りが漂っていたのが、昌平少年の精神形成になにがしかの影響を与えたようだ。

戦前には新国劇の沢田正二郎、戦後はボクサーのピストン堀口なども、中耳炎の治療にきた。そういえば、むかしは頬かむりのようにして、耳に包帯をまいた男女が、よく街をあるいていた。

「チン、と玄関の呼び鈴が鳴ると、食事をしていても、お父さんは箸を置いてすぐ診察室にはいっていきましたよ」

とは、東京女子師範附属小学校からの友人である北村和夫の話である。今村医院は小作人の倅などの苦学生を二、三人、看護婦代わりの書生として置いていた。朝鮮人学生の面倒もみていたようだ。

父親の半次郎は、兵庫県の農村の出身で、一高、東大をでて開業医になった。経済的に余裕があれば、研究者になっていた。北村によれば、彼が今村の家に遊びにいくと、母親がでてきて、「昌平はいまお父さんと釣りにいっている」「昌平はいまお父さんと寄席にいっている」「お父さんと映画を観にいっている」とすまなそうに弁明していたというから、末っ子は父親の薫陶を一身に受けていた。築地小劇場などに通っていた謹厳実直な芝居好きが、三人の息子を演劇青年にしてしまったのは、大いなる誤算だったようである。

シナリオライターの山内久によれば、半次郎は万事物事に厳密で、家中の時計が一斉に鳴りだすように時間をあわせてあった。息子と旅行するときなど、地図を買わせて旅程をキチンと決める人物だった、という。それが今村映画の徹底した調査に結びついているようだ。父親にたいする尊敬と畏怖の念がつよく、若いころから父親の映画を撮りたい、と今村は語っていた。

一九四一年一二月八日、真珠湾攻撃のあと、日本は開戦のニュースに沸きたっていた。鼻歌まじりで廊下をあるく母親を、半次郎は苦々しげに眺めていた。

坂口安吾の短篇小説『肝臓先生』は、カミュの『ペスト』のように、戦争の時代の熱病にたいする医者のたたかいを描いたものである。三七年の日中戦争のあと、肝臓先生が診る患者のほとんど全部の肝臓が腫れていた。いわば、「戦争肥大症」になっていたのである。

肝臓先生は「一介の町医者」として、「名声も地位も富も望んでいない。病める者が貧しければ、風雨にめげず三年五年往診をつづけて、一文の料金を得たこともない」。ただただ、「足の医者」として、その伝染をくいとめるべく駆けまわっていた。

ここで下手な映画解釈をする気はないのだが、今村「カンゾー先生」は、現実の父親と坂口肝臓先生との虚実の間にある。それに安吾の『行雲流水』に登場する、今村好みの生命力溢れるソノ子と和尚とが掛けあわせられている。モルヒネ中毒患者の登場は、戦後、「今村医院」にやってきた男のことで、捕虜虐待の話は、安吾の厭戦小説に、今村流の日本人加害責任論を加味したものと考えられる。

2

話は先にすすみすぎた。今村耳鼻咽喉科の隣りはキャバレー「処女林」で、ジャズの響きや嬌声が無遠慮に勉強部屋に押し寄せ、もう一方の隣家は肉屋で、便所の窓から白い上っ張りを着た店員と女中さんの「不適切な関係」が垣間見られたりしていた。

にもかかわらず、昌平少年がエリート中学に進学するのは、九歳上の長姉のスパルタ教育の薫陶によるものであって、彼女はカトリック系の「仏英和高女」(現白百合学園)の女学生でありながらも腕っ節がつよく、弟を風呂に叩きこんだりして矯正にこれつとめた。今村映画の原点は、このあたりにありそうだ。

結婚してアメリカに渡った姉は、交通事故に遭って不慮の死を遂げた。夫はのちに東大理科系の名誉教授になる人物だが、彼の運転ミスでクルマに衝突、妻の内出血に気づかず手当てが遅れたのが命取りになった。それが彼女の気丈夫さを示している。話がここに及んだとき、今村監督の表情に、めずらしくかすかな動揺の波がみえた。

一二歳上の演劇をやっていた長兄は陸軍二等兵で戦死、特攻隊にはいった六歳上の次兄は、無事帰還して教師になっていたが病死、その下の兄は子どものころに亡くなったらしい。

——お母さんはどんな方ですか。

「でかい、んですよ」

——蚤《のみ》の夫婦のような。

「ややそうですね。おふくろは、単純明快なひとでした。結局、おふくろの故郷である、小樽ちかくへ疎開したんです。往診鞄ひとつもって、親父はおふくろについて行ったのです」

婦唱夫随というべきか。母親のほうにはるかに生活力があったということであろう。世慣れない父親の姿が彷彿とする。今村を母親似という人と、父親似という人がいる。

北海道へ着いたころ、大塚駅前の今村医院は焼夷弾によって焼失、医療機器や家財は丸焼けになった。

「で、いってみると、おふくろが全体を支配してましたよ。近所のひとたちにだんだん、医者なんだ、実は、と浸透していきましてね、おふくろの力だろうと思いますがね。それまでは食うに食えないひどい状態でしたけどもね、リンゴ園の下にちいさな畑をもって、親父とふたりで肥を担いだりなんかしながらがんばっていました」

——それで、開業しましたか。

「ついに開業しました。開業してくれってまわりからいわれましてね。耳鼻科だから、なんつってはじめは断っていたらしいですけど、耳鼻科でもだいたいわかるでしょなんて。それまでは、三井生命の、それもおふくろの友だちの因縁なんですけどね、保険の監査医っていうのかな、それをやっていたようです。昭和二五年に引き揚げてきました」

大塚駅前の医院の再建には、今村と次兄が采配を振った。どこからか敷石がひそかにはこびこまれ、材木が集められた。映画のセットのように、家の前だけは立派だが、うしろは手抜きだったようだ。労働力は、早稲田でいっしょに芝居をやっていた悪友たちだった。そのひとり、小沢昭一によれば、「イマヘイさんは、外食券をいっぱいもっていて、仕事が終わったあと、それを彼からもらうのが楽しみだった」となる。

ここで説明が必要だが、「外食券」とは、「米穀通帳」がなければコメを買えない戦後統制経済時代の産物で、これがあれば食堂のメシが割引になる切符である。

今村は王子(北区)の町工場主の息子の家庭教師をしていて、朝鮮人がつくった焼酎を月謝代わりにもらっていた。だから、それを新宿のヤミ市で売りさばいていたこともあって、現金を握っていた。ヤミ市で出会ったポン引きや娼婦やヤクザが、今村映画の重要な主人公になるのは、山の手のお坊ちゃんだった今村に、彼らが実社会の強烈な洗礼を与えたからだった。

実はわたしが今村ファンになるのは、学生のときに観た「豚と軍艦」(一九六一年)によってだった。そのあとの「パラジ　神々と豚々」(俳優小劇場、映画「神々の深き欲望」の原作)は、舞台劇で今村が演出を担当した。町工場の労働者を社会学的かつ人類学的に捉えた大傑作だ、とわたしはいまでも信じている。

それらの作品の前後のシナリオは、社会学的な要素を山内久が、人類学的な面は長谷部慶次がカバーしていた。血縁・地縁にがんじがらめになっている「パラジ」には、家庭教師をつとめた王子の町工場の内部が投影され、さらに取材先のプレス工場で目撃したという、「忍」の一字の扁額《へんがく》が、そのあと、今村日本人論のモチーフを形成するようになる。

3

大学にはいる前、桐生市（群馬県）の国立工業専門学校（現在の群馬大学工学部）の紡績科に入学した。「女工さんなんかいっぱいいて楽しそうだから」などと、いまは太平楽を並べているが、徴兵回避を狙っての工業学校行きだった。独身寮で、寮祭などの芝居を書いて、若い男を女に扮装させたりしていた。

演劇青年から映画志望に転向するのは、黒澤明の「酔いどれ天使」を観てからだ、という。今村の黒澤評は、女性の描写が下手だ、となり、助監督についていた小津安二郎は女性嫌いだ、と批判、それでいて木下恵介のうまさを買っている。

取材のとき、話題によく登場したのは、やはり助監督で付き、「幕末太陽伝」の脚本を共同執筆した川島雄三である。「川島は四五で死にました。はるかにぼくは歳上になってしまった」としんみりした口調になった。

川島監督は毒舌で鳴らした。大佛次郎との酒席で、「ヤイ、鞍馬天狗、すこしくらいチンポコがでかいからっていばるな、鞍馬天狗」とからんだり、古川緑波がソバを注文するのをみて、「緑波がソバを食うことはない」といいつのり、緑波が怒って「外へでろ」というと、隣りに坐っていた今村の脇腹を肘でつっついた。

虚弱で足に軽い障がいがあった川島は、喧嘩になると今村に仲裁させたり、相手させたりした。そんな川島に今村は怒られたことはなかった。

「馬力があって、有効だ、と思われたんでしょう」

といって、今村はべつだん迎合的な性格ではない。だから、映画会社にいて、たえず企画はつぶされ、ようやくクランクインになったにしても、いつも予算をオーバー。つぎからは干《ほ》される憂き目にあう。

「カンゾー先生」のヤマ場のひとつは、彼が東京の学士会館でひらかれた恩師の謝恩会に出席するシーンである。功成り名を遂げた同門の士の居並ぶなかで、町医者にすぎないカンゾー先生が、目下、猖獗《しょうけつ》をきわめている「肝臓病」について報告し、満場の拍手と激励の演説を得る。ほかのシーンは削っても、この五分におよぶ長回しだけは削らなかった、とか。

たしかに、安吾の原作にもあるとはいえ、ながい拍手が続くシーンには、一生、町医者に徹した父親への熱い想いがふくまれている。

友人たちに今村評を聞いた。

「父親似の合理主義者」(北村和夫)

「優しさと酷薄さが同居している実証主義者」(山内久)

「ハイ、チャンチャンやってください、が口癖の実行力」(小沢昭一)

寡黙にして思慮稠密、沈着雄断。その今村も、さいきんサインをもとめられると、「狂気の旅」と書きつけるようになった。

――狂気の旅、家族がこまりますね。

「こまりますね。めちゃくちゃですからね」

なぜか、ひとごとのようである。このときは、そばに昭子夫人（六四歳）が坐っていたのだが、わたしは、さらに押して聞くしかなかった。というのも、彼は、こう書いているからだ。「当時守備範囲広いことで売っていた私だが」（今村昌平『遥かなる日本人』）。

――女性のエネルギーについて、よく語られています。で、いろいろあって、それでわかったこととは、どんなことでしょうか。

監督は、夫人のほうにチラリと目をやってから、答えた。

「なにもわかりませんね、フフフッ」

夫人とは、日活助監督時代に結婚した。最初に入った松竹の助監督部屋のただひとりの事務員で、人気の的だった彼女を、並いる強豪を尻目に射落としたのが今村だった。小沢昭一によれば、北村和夫、加藤武などと「結婚式は合同でやろう」といっていた今村が、さっさと結婚してしまった。

4

夫人は母親似だ、と小沢がいうのだが、ふくよかな、話し好きな女性である。

——今村さんは、どんなかたですか。

これは、監督がいないときに聞いた。

「穏やかなひとで、ひとの悪口をいわないひとです」

——いろいろあったでしょう、大変でしたね。

「なりゆきですから……。覚悟してました」

と、手で口を軽く覆って笑った。

七〇年の「にっぽん戦後史・マダムおんぼろの生活」のあと、次作の「復讐するは我にあり」まで九年、八三年にカンヌ国際映画祭でグランプリをとった「楢山節考」から「女衒《ぜげん》・ZEGEN」まで四年、八九年の「黒い雨」から「うなぎ」まで七年。それぞれ映画を撮れなかった空白期間である。ひとを腐らすのに十分な時間である。怠けていたわけではない。資金がなかっただけだ。その空白に耐えてきた精神力は偉大、というしかない。

——かならずそのときがくる、と信じているんですね。

「そうそう、だめだろうな、と思いながらもね」

今村プロをつくったころ、夫人がするアニメーションの「塗り絵」で生計を立てていた。このときがいちばん苦しかった、という。「未帰還兵を追って」「からゆきさん」など、テレビドキュメンタリーをつくったが、予算三〇〇万円で赤字におわった。夫人はそのあと、笹塚駅前で喫茶店をはじめたが、「儲からなかった」とは、夫のいい分である。妻について、こういう。

「おかねがない、映画をやめて、などといわれなかった。助かりました」

「カンゾー先生」に、突如としてクジラや原爆が登場するのは、長男の映画監督・シナリオ作家、天願大介のアイデアである。今村ははじめ黙殺したのだそうだが、「今村リアリズムを壊したい」との息子の主張を採りいれた。

女主人公のソノ子が、カンゾー先生に「クジラを食わせちゃる」などと、安吾ばかりか、グリーンピースが目をむくようなセリフを吐いて、海中のクジラに跳びかかっていく。

――大介さんが映画をやるのには、反対しなかった？

「恥ずかしくて、反対できないですよ」

――今村昌平を乗り越えられないから、ですか。

「それよりも、貧乏しながら、孫がかわいそうですね。彼は監督としてちゃんとやっていきたいんでしょうけど、状況がわるいから、うんと苦労するでしょう」

意外な監督のコメントである。夫人はこういう。

「あたしたちの知らないうちに、なってしまいましたからね。休暇をとって『妹と油揚』をつくって、「ぴあフィルムフェスティバル」に入選してしまった。彼が新潮社にはいったときは、「ウワアよかった、なんて親孝行なんだろうと思ったのに、映画監督になるなんて」

息子は雑誌編集者の「親孝行」からハミ出し、今村とおなじ「女房不孝行」になった。今村昌平、七二歳。次作は昭和一〇年代、日本が戦争にむかう前夜、北一輝やその周辺の小説家など、青年たちの友情を描く予定だ。今村はこの仕事の準備のため、山荘に籠もって本を読みすぎ、「低血糖症」で倒れている。

——生まれ変わっても、やはり映画監督ですか。

「ほかに、手がないからね」

九八年一〇月一日、韓国・釜山、国際映画祭最終日。四〇〇〇人が詰めかけた野外劇場で、招待作品「カンゾー先生」が上映された。今村はその閉幕式で、朝鮮語で挨拶した。食べ物がおいしい、ここで暮らしたい、いわば「外交辞令」である。釜山にきて、彼は子どものころ一緒に暮らしていた、朝鮮人書生を思い浮かべていたのかもしれない。

拍手が鳴りやんだ。今村はかるく杖をついて、若い男の通訳とともにステージから下りてきた。カメラマンたちに取り囲まれていた輪の前方に隙間ができて、顔がこっちをむくのがみえた。

と、わたしの隣りに坐っていた昭子夫人がたちあがって、彼にむかってゆっくりと拍手した。

それは朝鮮語の挨拶がうまくいった、という合図のようだったが、長い奮闘に報いる拍手のようでもあった。

今村昌平　一九二六年九月東京生まれ。大学卒業後、松竹大船撮影所の助監督になり、小津安二郎監督に師事。五四年日活に移る。五七年川島雄三監督の「幕末太陽伝」の脚本を担当。五八年「盗まれた欲情」でデビュー。「豚と軍艦」「にっぽん昆虫記」と名作をつくり、「楢山節考」「うなぎ」でカンヌ映画祭「パルム・ドール」を受賞。二〇〇六年五月没。

仕事、仕事、仕事——新藤兼人

1

岡山県勝山町。鳥取との県境にちかい、山峡の城下町。浅い川が静かに流れている。川原に、人影が、いくつか動いている。新藤兼人《しんどうかねと》が率いる撮影隊である。カメラが長い木橋をいく二人連れを狙っている。

一九四五年八月一三日。

橋の上を、浴衣姿の谷崎潤一郎が渡っていく。それと並んで、古びた鞄と風呂敷包みを振り分けにして担いだ、よれよれの背広姿の男が歩をすすめている。

永井荷風である。

戦火を逃れてこの町に疎開していた谷崎の許《もと》を、荷風が訪ねてきたのだ。

ファインダーを覗いていた、登山帽の老カメラマンが当惑してつぶやく。

「道を走るクルマがはいるね」

そばに立っている監督が、こともなげにいい放った。

「あそこへ行ったら」

指さしたむこうは、川の中である。

ちょっとためらっていたカメラマンは、意を決したように、ズボンをたくしあげて水の中にはいっていった。

川べりに、脱ぎ捨てられたスニーカーがある。


新藤兼人、八〇歳。前の日、朝四時に起きて、東京から新幹線で岡山駅到着、市内で撮影。そのあと、津山線、姫新線を経て中国勝山駅に降りて、ロケハン。民宿に一泊。そして、本日、朝八時から撮影開始。

監督は、終始立ちっぱなしでなお、疲労の色をみせていない。

スタッフから「シンドイ組」といわれてきた。予算もスケジュールも演出も、すべてが厳しい。プレビューのブラウン管を覗いているときは、嚙みつくような視線だが、雑談のときは目が和んでいる。とっつきの悪い依怙地な宮大工、といった風貌なのだが、話し好きである。

「地元では、谷崎は評判悪かったらしい。鮎を買い占めたらしいんですね。ホレ、鮎のいそうな川でしょう」

本番がすむと、片手にぶらさげたポケットカメラで、対岸の瓦屋根、白壁、時代物の酒蔵が並んでいる風景を撮るのに余念がない。エッセイの材料にするとか。転んでもただでは起きない精神である。

永井荷風の『濹東綺譚』の映画化を終えて、新藤監督は『断腸亭日乗』の制作にはいった。大正、昭和と書きつがれた、荷風日記のテレビ化である。NHKにもちこんだ企画とか。

——年齢を感じられることはありませんか。

「あんまり、感じませんね。八〇になったりなんかして、肉体的に弱ってくる、ということはありますけど。ちょっと力がですぎたりなんかしているのもあるんですよ。八分目がいちばんいいのに、一二ぐらいにしている作品があるんですね」

——どの作品でしょうか?

「だいたいがそうなんです。だから、すこし弱ったほうがいいかな、と思ったりしているんですよ。八五歳くらいまではやれるんじゃないか、と思っています」

「濹東綺譚」で、新藤監督は荷風の生と性を描いた。彼はこれまでも、「人間」「母」「鬼婆」「本能」「性の起源」などで性の深淵を掘り下げてきたのだが、こんどは荷風を素材にした老いと性である。映画が上映されたあと、雑誌に寄稿したり、インタビューを受けたり、シルバーセックスの代表者あつかいされている。が、監督本人は、

「なんといいますか、自己告白というのかな、自分の体験を通して、正直にいってみ

たいと思ったりして」

フロベール流にいえば、「荷風はわたしだ」の心境でもある。

「八〇になっても性欲がある、などの発言は、控えたほうがいいんじゃないですか、といわれたりしてますが」

と本人は挑戦的である。

「浅草にいって、レビュー小屋にはいって、裸の女とワイワイやって、夜中に帰ってくる。荷風はそれを繰り返し毎日やっていました。それへの渇望はあります。だけど、そんなレビュー小屋にいったりなんかするのも面倒だから、乙羽クンと仲よくやっていようかって感じですか」（笑い）。

2

東京・赤坂五丁目。シナリオ会館。ちいさなエレベーターで五階に上がる。ドアに「近代映画協会」の横文字。四〇年以上前、新藤監督がつくった独立プロである。

ドアをひくと、ところ狭しとばかり机が並べられ、人気がむっと押し寄せる。机と机のあいだに、監督が足をひらいてたっている。白髪、小柄、ラフなシャツの下にブクンとお腹がある。なにやら、スタッフに指図している。

「第四コーナーですから、競輪でいえば。最後のコーナーになると、鐘が鳴るんです。

カンカンって。それがスゥーときて、なんとなく場内がシーンとする。タイヤの音だけなんですね。で、また突っこむとね、ワァーッというようなどよめきがおこるんですよ。八〇になってますから、あと一コーナーしかない」

一枚の写真がある。一九四四年三月下旬、戦闘帽、外套の上から鞄を袈裟掛けにして、監督はすこし前かがみになっている。左手の人差し指を噛んでいるようにもみえる。細く、ひっこんだ目が暗い。三二歳。八カ月前、最初の妻が病没した。

このまま外地にもっていかれたら、まちがいなく戦死する、というほどに打ちひしがれた表情である。

「念願の映画界にもはいった。シナリオも書いた。『近代劇全集』も読破した。やれるだけの努力をしたのに、これでもう死ぬんだ、と思いましてね。絶望的でしたよ、ほんとうに」

が、呉海兵団に入団したものの、宝塚劇場を宿舎にしての雑役勤務。一等兵のまま無事に敗戦を迎えた。同年兵の多くは戦死した。「もうけた人生だ」との想いが強い。

戦後になって、噴出したようにシナリオを書きだすのは、その絶望をくぐり抜けたエネルギーによってである。とりわけ四九年から五一年にかけては、まいとし九本以上のシナリオを映画化させている。

これまで書きあげたシナリオは二五〇本、監督作品は四三本。ほかに数え切れないほどのテレビドラマの台本がある。エッセイなどの単行本が五十数冊。並外れた集中力である。

広島にあった新藤兼人の生家は一五歳のときに没落した。進学を断念して、尾道の警察に勤めていた長兄の居候となっていた。このとき、たまたま山中貞雄の「盤嶽《ばんがく》の一生」をみた。大河内伝次郎と山田五十鈴の共演だった。これだ、と決めた。映画監督になるんだ。二一歳になっていた。主人公、阿地川《あじがわ》盤嶽の挫折の人生が、身につまされた。

しかし、実家倒産の一五歳から、映画と出会うまでの六年間、その空白が謎である。年譜には「失意の日を過ごす」とだけある。長姉は、あたかも身売りするかのように、結納金と引き換えにしてアメリカ移民のもとへ嫁ぎ、次姉は看護婦になった。母親は心労の挙句、五六歳で他界する。

家のための犠牲になった女たち、との愛惜が、新藤映画にどこか投影されている。しかし、それにしても、これだけエネルギッシュな人間が、どうして青年期に茫然自失の六年間を送りえたのか。本人に質問しても、「ぼうっとしていた」と答えるだけで、よくわからない。

瀬戸内の島々を、行商に歩いていた。青春期のこの深い鬱屈こそが、その後の飛躍をもたらしたのであろう。

独立プロ「近代映協」の設立は、一九五〇年、三八歳のときである。この年、東宝争議とレッドパージ。その余波を受ける。東京・東銀座の焼け残ったビルに蟄居していた近代映協が、水を得た魚のごとく活躍を開始するのは、六〇年の「裸の島」の成功によってである。

「希望も絶望も、おなじ日にきます。独立プロでは、朝うまく企画が通るかと思ったら、夕方に駄目だった、とか。掌みたいな感じですか、絶望を克服するのが希望で、そのおなじ手でとにかく、渇いているところに水をかけるしかない」

白い太陽がジリジリ照りつける、光のまぶしいシーンが観た者の記憶に残っている。ただひたすら、荒れ地に水をかけるショットを重ねたこの無言の映画が、国際映画祭で軒並み賞をさらった。

いま、日本映画のブームも去り、数多くの独立プロがつぶれた。監督たちは髀肉《ひにく》の嘆《たん》をかこっている。が、近代映協と新藤監督は、経費を切り詰める手堅い経営で生き残った。

3

神奈川県大船市、松竹撮影所。倉庫然としたスタジオの一画に、座敷のセット。岡山にあった荷風仮寓の二階屋である。

卓袱《ちゃぶ》台《だい》の鶏鍋を突っついていた友人夫婦と荷風は、やおら立ち上がる。

「戦争終結を祝ってバンザイをやりませんか」

友人の声を受けて、バンザイ三唱。

と、「あっ、だれか映っているよ」とダメが出て、もう一度、ハイ、いいですか、いきましょう、と新藤監督が本番の合図。緊張した間合いを計るようにして、鋭く、

「ヨーイ、アイッ！」

荷風の『断腸亭日乗』には、こうある。

「菅原君夫婦、今日正午ラジヲ放送、日米戦争突然停止せし由を公表したりと言ふ。恰《あたか》も好し、日暮染物屋の婆、鶏肉葡萄酒を持来る、休戦の祝宴を張り皆々酔うて寝に就きぬ」

一九四五年八月一五日。敗戦の日の記述である。

玉音放送をきいて泣き崩れず、むしろ解放感を味わった日本人もいた。

「恰も好し」は、新藤兼人の感慨でもあった。生き延びた。中断されていた映画の夢の復活である。そのすこし前、西宮で空襲を受けた。シャーと音をたてて爆弾が降下してくる。その下で、「天皇陛下バンザイ」でもない、「ナムアミダブツ」でもない、「お母さん」でもない、ただ、「アッ」という二文字だけの心境だった、という。

けっしてだれかのために生きているのではない。自分のために生きているのだ。戦争体験から導きだされた想いが、彼を仕事に駆り立ててきた。それが荷風のエゴイズムへ

の共感でもある。

八月一五日、敗戦の日のカットを撮り終えて、監督は土間の下駄を突っかけて外へ出た。セットにはいるとき、下駄にするのは、靴を履いたり脱いだりする時間の短縮であり、仕事師の心意気のあらわれでもある。あるいは、喪失した故郷を、足の裏に感じていたいがためなのかもしれない。

「ぼくは田舎者なんですよね。広島の山の奥からでてきたし、学問も教養もありませんから、物事につきあたるたんびに、必要なものを獲得してくるという勉強の仕方なんですね。学歴も閥もない。結局、恃《たの》むのは自分の実力でしかない」

溝口健二にはじめてシナリオを読んでもらったとき、「これはシナリオではありません、ストーリーです」と投げ返されたエピソードは、新藤自身、なんどか書いている。発憤して、『近代劇全集』四三巻を読破する。

あるいは、退社したサラリーマンが、帰宅して寝るまでをことこまかに二五〇枚も書いたうえで、ようやく省略の方法を体得した。それらはコンプレックスをバネにして、実力を錬磨するための必要経費だった。おそらく、学卒者なら、愚直ともいえるこんな苛烈な努力をけっしてしない。

ひとつ質問すると、長い答えが返ってくる。早口で、息つぎの長いセンテンスである。

「この前も話しましたけど」との前置きが、八〇歳の記憶力の確かさを示している。

スタジオは斬り合いですから、仕事は真剣勝負、道場なんだから血まみれになる、存在することは闘いです、自分を貫く、勝つか負けるか、腕力、敵、闘魂、活力、瞬発力、それらが膨大な言葉の合間に繰り返したちあらわれる。

「人間ってのは、小利口に身をかわしたり、安全地帯ばっかり歩くことはできないんです。体を賭けて、人生を賭けなければ、やっぱり、前進はないんですよ。行き詰まったら、行き詰まったいちばん奥を触ってね、それから引き返さなくては、行き詰まったとわからないでしょ」

崩壊の日本映画界に生き残った、独立プロ総帥の弁である。

テレビの荷風に扮しているのは、佐藤慶である。彼は六二年の「人間」から新藤映画に出演し、「母」(一九六三年)、「鬼婆」(一九六四年)など、そのたいがいの作品とつき合ってきた。その佐藤がこういう。

「仕事一筋で、酒も煙草もやらない。はやく仕事を切り上げて酒を飲もうという監督が多いのに、新藤さんは早目に終わると、あしたの分も撮っておこう、となります」

ロケ地での合宿は、「裸の島」以来の新藤方式である。プレハブの宿舎を建設し、食堂も経営する。撮影所がなくとも映画はつくれる、という独立プロの方法でもあるが、濃密な人間関係のなかでの集団制作、との狙いもある。撮影が終わると、プレハブも蒲団も鍋も釜も売りはらって帰ってくる。フィルム代以外は、徹底的に切り詰める。

プレハブの宿舎で、スタッフたちが雀卓を囲んで騒いでいる。そのそばで、監督は机にむかって注文を受けたシナリオやエッセイを書いている。

「寝るのが早いひとです。九時半ごろ、ヨーイ、ハイッ、と寝ごとをいっているのがきこえてきます」

佐藤慶の話である。

4

赤坂八丁目、マンション一階、新藤兼人の仕事場。3DKというタイプだが、旧式で狭い。家具も質素である。ちいさなソファに、監督と乙羽信子が並んで坐っている。ちょっと背をまるめた乙羽さんは、靴下にスリッパ履きだが、監督は素足である。ベランダに野良猫が坐っている。そのむこうに、申し訳ていどの庭がついている。

——新藤さんて、どんな方でしょうか。

「ことし八〇ですけど、仕事にたいする情熱は青年みたいなところがありますね。いつも、ああ、これはおれの作品になるかもしれない、なんていってます。時間に厳しくて、わたしなんかもそこで育てられたので、仕度するのに、一時間もはやく(楽屋に)はいります」

――新藤さんにいいたいことは……。

「もとが元気なもんですから、歳を忘れてしまって。心配しています。でも、あたしのほうが先に駄目になりそう」

一二歳下の妻の弁である。そばに坐っている監督は、相変わらず仕事の話である。

「スタジオでは斬るか斬られるかだ。まずい監督やまずい俳優は許されない。対の関係で、スターもバイプレーヤー（脇役）もありません。そこでいかに生きるかのために、日常があるんですから」

女優が言葉を添える。

「おたがい、仕事の話はしないんです。いたわりになりますから」

テレビ、ビデオは二台ずつ。監督は野球やボクシングを観戦する。

「いいわけのない勝負ですからね。ああいうふうにシナリオをみる方法があったら助かると思ったりなんかしますよ、何点って点がわかる。ボクシングなんか非常に好きですね。闘魂むきだしにして、殴り合ったりなんかして結末をつけるということが」

――新藤さんは座談の妙手なのに、どうしてそれが作品にあらわれないのかって、佐藤慶さんがいっていましたが……。

「実人生と仕事というのはちがうんですよね。まあ、ワリにすこしずつ考えが変わってきたって感じはありますが。だけど、なんですよ、映画にはいった昭和九年ごろの、映像にたいする、信仰みたいなものがありましてね。ぼくの宗教だし、神さんみたいだ、ということがあって」

さいきん、丸くなった、といわれる。それが年を取ったということかな、と監督は笑っているのだが、八〇になってなお、噛みつくような面構えでいられるのが羨ましい。老成とはほど遠い。信じられるのは仕事だけ、仕事だけが存在の証明である。それで生きてきた。さいきん批判されはじめている、仕事人間の原型である。

京都の常宿の朝食は、トーストと果物と目玉焼きだった。くる日もくる日も目玉焼き。監督はいつの日か、オムレツかスクランブルにしましょうか、といってくるのを待っていた。が、仲居さんのほうは、彼は目玉焼きが気にいっていると思いこんでいる。

「ぼくのほうからそれをいっては、なんでも応じようとするぼくの流儀に反する、と思ったわけ。自分の仕事にたいしては、二重にも三重にも屈折して考えるようにしていますから、日常のことは、単純にいきたいと思っています」

乙羽信子にとって、新藤兼人は夫である以上に、監督であり、師である。魚好きの監督がいないとき、彼女は好物の牛肉を食べる。

つぎの仕事は、殿山泰司を書いた自著『三文役者の死』の映画化である。バイプレーヤーだって、けっして他人のために生きていたわけではない、それがテーマのようだ。

――いつごろから撮影をはじめるのですか？

「来年か、再来年でしょう」

第四コーナーは、まだまだつづく。

新藤兼人（本名　新藤兼登）　一九一二年四月生まれ。広島市出身。三四年、新興キネマの現像所でフィルム乾燥係に就職。そのあとシナリオを修業。溝口健二監督の戦後第一作「女性の勝利」（四六年）のシナリオを書き、矢継ぎ早にヒット作品のシナリオを執筆した。五〇年、独立プロの先駆としての近代映画協会を創立、三九歳で「愛妻物語」で監督デビュー、「裸の島」でモスクワ映画祭グランプリ受賞。九九歳で「一枚のハガキ」を監督。二〇一二年一〇〇歳で没。

ある名画座館主の戦後史――三浦大四郎

1

三浦大四郎《みうらだいしろう》さんにお会いしたのは、日本映画の凋落期における館主の苦悩、といったようなものをききたかったからである。ビデオショップの攻勢も激しい。これから映画館はどこへ行くのか。そしてもうひとつ、わたし自身のノスタルジアもあった。

池袋駅東口から大通りをまっすぐに三、四分、左手に、いまはある信用金庫のビルになっているのだが、銭湯の兄貴分のような木造の日本建築が建っていた。そこが「人世坐《じんせいざ》」だった。どんな映画を観たのか、記憶は定かではない。

――ロビーで漬物を売っていましたね。

「ああ、それはぼくが去ってからですよ」

端整な三浦さんの表情に、苦い笑いが浮かんだ。

人世坐は、文士が経営する映画館として知られていた。社長は「山窩小説《さんかしょうせつ》」をトレードマークにしていた三角寛《みすみかん》で、彼が自分でつくった漬物と一緒に並べられていた小冊子

「人世」には、吉川英治、永井龍男、今日出海、井伏鱒二、横山隆一などの大家が、毎号のように随筆を寄せていた。彼らはこの映画館の株主でもあった。由井正雪のようなザンバラ髪に着流し、その三角の特異な風貌を天井の低いロビーでみかけた記憶もある。三角寛の『山窩社会の研究』は、小説家にしては珍しい学位論文である。幻の名著として知られ、古書店では数万円の値段がつけられている。そこでわたしは、女婿でもある三浦さんに、復刻の予定はないのですか、とたずねた。

「どこまでが事実かわかりませんからね。学問的に価値があるとは思えない、という一文をつけ加えるなんていうのも、妙なもんでして」

――アタマに「小説」とつければ如何ですか。

「学位論文としているわけですからね。東洋大学に売り込むひとがいましてね。おカネをこれだけだせば、と。あの頃はね、ちょうど旧制と新制のきりかえのときで、これからは博士号をとるには大学院の博士課程をやらないと駄目だ、てなことになって、最後のチャンスですよ、先生、いかがですかって。たいした金額じゃありません、三〇万ぐらいなもんですよ。ところが、実は、それがパスしなかったんです」

話はいきなり意外な方向にすすんだ。

「オヤジが怒ってねえ。告訴する、と。いろいろ騒いだんです。そうしたら、むこうが、それって通しちゃった。そういう事実を、ぼくらはみてますからね。それで『復刻』はお断りしているんです」

サンカの語源は明らかではないが、岩窟や土窟を住処としても定住せず、山蔭や河原に小屋を掛けたり、テントを張ったり、風のごとく通り抜けていく漂泊民のことを指す。明治の徴兵制度と戦時中のコメの配給制度の網の目によって捕捉され、町のなかにまぎれてしまった、とか。

三角寛は、朝日新聞の記者だったとき、いまでも犯罪史に名高い「説教強盗」を取材して名を挙げた。犯人が「サンカ」らしいという刑事の言葉にヒントをえて、「山窩小説」に手を染めるようになった、と伝えられている。

2

東大経済学部の学生だった三浦さんは、役者志望だった。敗戦直後、澎湃として演劇運動が起こっていた。彼はキノ トールや田中明男、高橋昌也、名古屋章などとおなじ劇団に所属していた。そのこともあってか、就職はほんの腰掛けの意識で、インドネシア航路をもつ中小海運会社にした。

ある日、彼はみそこなっていた豊田四郎監督の「鶯」をみるべく、人世坐にでかけた。と、そこで先輩の女優と出逢った。彼女は雑誌「人世」の編集を手伝っていた。その紹介で、三角寛のひとり娘、寛子さんと知り合うことになる。三角寛の本名は三浦守。ぺンネームの寛は、愛娘の名前を転用した。

「人世坐には休憩室がありましてね、いまのうちの女房とそこへいって、一緒にお茶を飲んだりして。その入口のむこうは廊下なんですね、オヤジがそおっと通って、なんどもいったりきたり、はいってくるのかなと思うんだけど、なかなかはいってこない。そんなこと、よくありましたよ」

元記者だった三角は、三浦さんのことをいろいろ調べていたらしい。寛子さんが「三浦と結婚する」と親に宣言した翌朝のことである。日曜日で、三浦さんは立川の自宅の窓から外を眺めていた。

と、道のむこうを羽織袴姿で正装した三角が、妻を従えてやってくるのが目に入った。三浦さんはあわてて、万年床を片付けた。一九五一年、朝鮮戦争休戦会談がおこなわれた年である。

祖父は甲武鉄道（現山手線）の目黒駅長だった。祖母はその売店ではたらいた。旧姓は山下。サラリーマンだった父親の要は、彼が小二のときに病死、母親のふゆが女手ひとつで、長男の山下肇（東大名誉教授・ドイツ文学）、二郎（夭折）、三男の泉三太郎（ロシア文学者）を育てた。

ひとに喰いつくような顔をしていた三角寛は、それでも殊勝に「お宅の息子さんをいただきたい」とふゆに頭を下げた。

「威圧感もありましたけどね。やっぱりなんていうか、男の魅力っていうか、非常に惹きつけるものがあったんですね。わたし自身、父親にはやく死なれた家庭に育っていたこともありまして。物書きの純真さというか、一途なところもありました。それがだんだんゆがんでくるんですけどね」

「山窩作家」三角寛が、かつて根津山と呼ばれ、キジやキツネが出没していた池袋東口に、「人世坐」を建設したのは一九四八年二月だった。物資欠乏の時代には、不要不急の建物だったはずの映画館をつくりあげたのは、彼独特の政治力によった。

小説家が映画館をつくるに至ったのは、出入りしていた古道具屋からたまたまドイツ製のシンプレックスという映写機を買ったからで、いわば「瓢箪から駒」である。ところが、映写機にかける肝心の映画がない。それで、東和商事(東和映画の前身)の倉庫にいって、戦前の作品を洗いざらい買い占めて、片っ端からまわした。

3

三浦さんが、勤めをやめて人世坐の仕事を手伝うようになったのは、一九五一年一一月からである。映画ファンだった彼が選ぶ映画が、同世代の青年たちを惹きつけたのは当然といえた。

五二年二月に上映したアメリカ映画「イヴの総て」(ジョセフ・L・マンキウィッツ監督)

は大当たりで、日曜日には長蛇の列だった。映写室のちいさな窓から覗くと、客席は立錐の余地もなく、わーんと揺れ動いていた。「札止め」という方法を知らなかったから、やってきた客をみんないれてしまったのだ。

人世坐は四五〇席、二本立てだから一日三回しか回転できない。それでも四〇〇〇人以上はいったという。このころの映画館はどこでも大盛況で、切符を売ってもおカネを数える暇がなく、ミカン箱に突っこんでは足で踏んだ、という伝説があちこちに残されている。

モギリ嬢は、チケットをモギ取らない。「タライ回し」と称して、おなじチケットをグルグルまわして脱税に貢献した。

三角寛はじめのころ、弱冠二三歳、三浦さんの教養と企画力を買っていた。得難い娘婿をえて、「トクしちゃった」と手放しだった。が、時間がたつにつれて、お前はなにやったってダメなんだ、客はワシの名前で観にくるんだ、というようになった。

五二年一二月、板橋に弁天座オープン、五五年一二月、文芸地下劇場オープン、五六年三月、文芸坐オープン、と映画の黄金時代は「文士の商法」を破竹の勢いにした。三浦さんの「番組編成」力がそれをささえた。

とりわけ、「明治天皇と日露大戦争」（一九五七年五月）は、嵐寛寿郎の天皇が話題を呼んで、文芸坐五二〇席にもかかわらず、一日六千数百人もの大ヒットとなった。翌五八年は日本映画のピークで、全国の入場者数は一一億二七四五万人、映画館数は七〇六七館だった。ちなみにいえば、九〇年の入場者数は一億四六〇〇万人、映画館数は一八三六館である。

ピークは衰退を準備していた。五九年四月、皇太子結婚。二月と三月にはNET、フジテレビがつづけて開局した。家庭でのテレビの受像機は二〇〇万台に迫っていた。

この年、絶頂の人世坐にも、暗い影が差していた。五九年一月、四館は同時に無期限ストに突入した。ワンマンは労働者の人権に無頓着だった。遅刻してきた社員に「てめえクビ！」と罵声を浴びせたのがストの発端、ともいわれている。三浦さん自身は、組合の言い分に同調しないでもなかった。

「オヤジが社長で、ぼくは副社長だったんですけどね。月給っていうのはくれないっすよ。ぼくはなんどかオヤジに頼んだんだけど、親子でね、給料払うことあるかって。そうすると、おふくろがたまに二〇〇〇円とか小遣いをくれるわけだけど、年中、ぼくはカネがないわけです。背広ひとつ靴ひとつ買うにしても、いちいちおふくろに。三〇でねえ、子ども二人もいてね」

三角邸の二階の四畳半と二畳に親子四人で暮らしていた。子どもが幼稚園にはいっても入園金がなかった。なんど頼んでも「ちょっと待て」。ついには、「だいたいお前らの子どもになぜワシがカネやらんといかん」といいだす始末で、友だちから借金してどうにか支払ったほどだった。

副社長でさえこうなのだから、労働者の状態は推して知るべし、である。

ときは六〇年安保闘争の前年。都内では中小企業の争議が続発していた。出版社では主婦と生活社、タクシー会社のメトロ交通、全金田原製作所などの長期ストは、わたしの記憶にも生々しい。わたしはそれぞれ応援に駆けつけていた。人世坐は映演総連の拠点闘争に設定されていたようである。

大学でマルクス経済学を学んだ三浦さんは、共産党のシンパだった。が、争議がはじまると、「人民の敵」として糾弾された。それでも彼は、「警察を呼んでひっくくれ」と激怒する三角に抵抗しては、けしからんと怒鳴りつけられていた。

デモ隊は「三角を殺せ！」と自宅の前でシュプレヒコールをあげ、洗面器をガンガン叩いた。三角は逮捕される社員の姿をテレビでみて、手を打って喜んでいた。

4

一年間の争議は、労使ともに荒廃しか残さなかった。三浦さんもついに三角に愛想をつかして人世坐を去った。宣伝会社に勤め、銀座で串揚げの店を開業し、やがて銀座アスターの取締役になる。

三角寛が心筋梗塞で死去したのは、七一年一一月である。六八歳だった。よし枝夫人は九年前に先立っていた。葬儀委員長は、生前から永井龍男に予定されていた。永井は文藝春秋社の『婦人サロン』の編集長のとき、はじめて三角に小説を書かせ、ベストセラー『昭和毒婦伝』(一九三〇年)を連載させた恩人でもあった。

が、永井ばかりか、かつて三角邸に集まっては、夜を徹して酒を酌み交わしていた文士連中は、ひとりも顔をみせなかった。三角は孤立して世を去ったのだ。

葬儀が終わってから四、五日たっていた。永井龍男が夫人と連れだって、ポコッと姿をあらわした。じいっと仏壇の写真を凝視したあと、永井は「バカな奴だ」と言い放った。三回忌でもなお、「ぼくはまだ許していない」というほどだった。

妻の死後、三角は住み込みの家政婦をそのあとに据えた。永井は三角がすべてをカネで換算するようになっていたのと、三浦夫妻への仕打ちなどに腹を立てて絶交状態だったのだ。

三角は、ひとり娘の寛子に三浦と別れろ、と強要するばかりでなく、あろうことか、「お前はワシの娘ではない」などと口走る始末だった。若いころの奇矯にはまだ愛敬もあるが、晩年の傲岸と狷介はひとを遠ざけるだけでしかない。

「正直なところ、映画界に復帰できるなんてまったく思ってなかったですから、それが突然、なんか洞窟から太陽のもとへ出たって感じですから。もうそのうれしさといったら、やってやるぞって気持ちだったですね、そりゃ」

争議のあと、三角は人世坐や弁天座を売り払い、宗教法人につぎこんでいた。幸いに手許に残った文芸坐を再建するのが、三浦さんの仕事だった。彼は毎朝九時に出勤した。若い社員で夕方になって出勤するものもいた。一二年ぶりに帰ってみると、文芸坐は荒れ放題だった。

古い支配人と映写技師ともうひとり。あとは顔を知らない社員だった。ひとりひとりと面接して仕事の内容をきき、朝礼や終礼を欠かさずおこない、上映している映画の監督の名前やストーリーを話してきかせた。

5

いま、日本映画の封切り本数は二四〇本。ところが、そのうちポルノ映画が一六〇本を占める。つまり一般映画は八〇本。ピーク時には五〇〇本の隆盛を誇っていた。そのころ洋画は二〇〇本前後だったが、いま四六〇本。その大半は、ビデオソフト用に輸入されている。

しかし、ビデオで売りだすにしても、映画館で公開して宣伝しなければ売れない。それで、ビデオを売るために映画館で上映する、という本末転倒の現象となる。映画館はビデオのショーウインドーと化している。

ビデオショップは、いわば大人のオモチャとしてスタートした。ところが、レコードが売れなくなったレコード屋が、レコードの代わりにビデオのレンタルショップをはじめた。問屋がビデオの新作を「今月の新譜」というのは、かつての商習慣のなごりであって、「ハコを売る」という用語は一箱一万二〇〇〇～三〇〇〇円のビデオを指す。新設のビデオ店は、「なんでもいいから、みつくろって二〇〇〇箱もってきてくれ」と注文をだす。とにかく棚を埋めなくてはならない。と、ヘイってんで、もっていくほうにも映画への愛情はない。

いま株式会社「人世坐」は、「文芸坐」と「文芸坐2」、そして「文芸坐ル・ピリエ」を経営している。ほかに喫茶店、多角経営である。

池袋の繁華街に建っている「文芸坐」は、外壁面に飛翔する天女のレリーフが飾られている。渡辺弘行の制作である。もう使われていないボイラー用の煙突もみえる。一九五六年九月、まだ日本が貧しかった時代に、忽然と姿をあらわした映画館は、モダーンな夢の殿堂だった。

いま、まわりはピンク産業にとりまかれ、まっ白だった飛天もうす汚れ、都会のスモッグに苦しげである。建て直す時期にさしかかっているのだが、映画の入場料だけでの回収は、ほぼ不可能である。

――映画館は黒字ですか。

「もう、赤字です。しかも家賃をほとんどロハにしても赤字。だから、あたらしく小屋を建てると、巨額な投資で金利がかさむ。家賃を払うかたちにすると、この辺は坪五万。文芸坐は二〇〇坪ですから、一〇〇〇万。一〇〇〇万の家賃を支払って映画館なんて絶対できません。坪二万でもどうかな」

――ほかの部門でカバーされている。

「カバーしきれません。赤字がふえるから、借金がふえていく。銀行にはやく建て直ししなければ駄目だぞ、といわれています」

演劇青年だった三浦さんが映画館主になったのは、映画をみにいった先の館主の娘を見染めたからであった。そこでは映画と女性への愛が見事に統一されていた。それだから、若いインテリには理不尽にすぎる岳父の仕打ちにも耐えた。だからこそ、映画とともに生きてこれた。その夢がいま、前門の地価高騰、後門のビデオに挟撃されている。豊島区雑司が谷。冠木門《かぶきもん》を配した木造の旧三角邸は、いま「ステーキ懐石」の料亭として利用されている。映画館経営の赤字を埋めるひとつの手段だが、名前は「寛《かん》」。ここにだけ、まだ三角寛が生きながらえている。

しかし、それにしても、どうしてまた三浦さんは、三角寛に翻弄されつづけたのであろうか。

「ぼくは認めてもらいたくて非常に苦しかったけど、そのうち、彼は、ぼくだけではなく、自分以外はだれも認めないんだってことがようやくわかったんです。いまから考えると、完全にぼくもスポイルされて、オヤジが生きているあいだってのは、もう、人間として、社会人として幼稚だったし、それは、自分としてはしょうがなかったと思いますけどね。いまのぼくならね、もっと、あのオヤジのあつかいようがあったでしょうね。当時のオヤジぐらいの年齢になったんで、当たり前のことでしょうが。まあ、いまの時点でそんなことをいってもしょうがないんでね」

人世坐で上映されたさまざまな人生。それにもう一本、スクリーンに映しだされなかった生々しいドラマがあったようである。

三浦大四郎　一九二八年東京に生まれる。ドイツ文学者山下肇の弟。大学卒業後、新劇俳優だったが、作家三角寛の娘(舞踊家)と結婚、池袋の名画座「人世坐」の支配人として、番組編成を担当、池袋の文化に貢献した。五九年三角の頑迷さから長期の労働争議となり、引責辞職。三角死去後の七二年に文芸坐に復帰する。

4　ジャーナリストの覚悟

死者たちの声——青地　晨

1

青地晨《あおちしん》は愚直な人だった。

青地さんの温顔を思い浮かべるたびに、わたしはかならずといっていいほど大宅壮一を思いだす。それはまったく個人的なことで、たまたまちいさな雑誌の編集者だったときに、お二人と寺沢一（東大教授）による「ドキュメント合評」を担当していたからである。

大宅壮一はすでに老人だったが、才気煥発で、サービス精神が強く、座談中、警句やキャッチフレーズがポンポン飛びだした。見立ての切り口を信条としているかのようで、クソ真面目さを排していた。

それにたいして、青地さんは真正面からみるひとで、その真面目さには大宅壮一も一目おいている風情だった。もう二〇年も前のことで、大宅壮一は七〇にちかく、青地さんは六〇にちかかったはずだ。そのとき、青地さんは大宅壮一につぐ大御所だったが、本人にはその意識はなかったようだ。

青地さんは、「大宅壮一とマスコミ」に、「彼の死は、マスコミという怪物と斬りむすんで、殺されたようなものなのだ。壮絶だと思うが、反面、バカバカしいとも私は思うのである」と書きつけている。この小論には大宅壮一への敬愛と批判がふくまれているのだが、それと同時に、青地さんのジャーナリストとしての生き方がきわめて控え目にだされている。

大宅壮一の生前、この「マスコミの帝王」にまっこうから斬りつけたのは、丸山邦男だが（「大宅共栄圏への疑問」）、大宅には笑って受けるような余裕があった。あるいは、彼は左翼青年の時代から、財界人のお相手をつとめるようになった近年の自分を対象化してみる、ジャーナリストとしての視点を死ぬまで喪っていなかったのかもしれない。

青地さんは、真っ向うから斬りつけている。

「晩年の大宅は、中央よりもやや右寄りの感じをあたえたと思う。反体制のラジカルな評論家として出発した彼が、晩年には右寄りの線を歩いていたことを私は残念に思っている。しかし彼が『文藝春秋』などの大マスコミに大いに迎えられ、オピニオン・リーダーのトップに立つことができたのは、彼の右への転向によってもたらされたということを見逃すわけにはいかない」

「晩年、彼が創立したマスコミ塾で、大宅が講義したことは、おもにそうした技術の問題であった。それもたしかに一つの方法であるにちがいない。しかし評論家やノンフィクションライターを養成するには、そうした技術の問題よりも、モノを書く根本的な態度や、モノを見きわめる視座の問題がよりいっそう重要なのではないか。そういう疑問を、私は捨てることができなかった。そこに晩年の大宅の悲しい限界を私はみたのである」

モノを書く根本的態度、モノを見きわめる視座。いわばもっとも原則的なモノ書きの姿勢を、青地さんはモノ書きの頂点に立っていた大宅壮一への批判として突きつけたのである。それはジャーナリストとしての青地さんが死ぬまでこだわりつづけていた原則だった。

たしかに晩年の大宅壮一はつまらない仕事をしすぎた。財界はおろか、中小企業経営者などとの対談まで引き受けて鳥目を稼ぐなど、大御所にしては腰が軽すぎた。彼の企業論などは底が浅くていまでは読むに耐えないものだが、それでも青地さんが指摘している大宅壮一の過密なスケジュールのバカバカしさは、彼の好奇心のあらわれのような気がしないでもない。

マスコミに君臨していたはずの大宅壮一が、実はマスコミの奴隷だった、というハダカの王様のパラドックスには、ある種の哀れさを感じさせないでもない。とはいえ、彼はむしろ好奇心の奴隷だったのかもしれない。どこへでも出かけていった彼は、自分の腰に差した刀で、めったやたらなんでも斬りつけてみたい、という子どもじみた征服欲に捉えられていたのであろう。

　おなじマスコミの寵児として、やはり壮絶な死を遂げた梶山季之《としゆき》にたいする青地さんの視線の柔らかさは、ただ年長者の情愛とばかりいえるものではあるまい。大宅壮一は権威になったが、梶山季之は権威にはならなかった。そのことへの同調だったかもしれない。青地さんは、大宅亡きあとのマスコミ界の大御所になるはずだったが、彼の反骨はその場にうまく落ち着けなかったようだ。

　もちろん、まだ無罪判決が出ていない冤罪者に加担して、刑事、検事、裁判所をまっこうから批判し、金大中を救うためのハンストに参加し、日韓政財界の暗部を衝いて告訴されていたジャーナリストに、日本のマスコミが居心地のいい席をあたえるわけはない。その行動力は、この本（『同じことをみずみずしい感動で言い続けたい』社会思想社）でも繰り返して述べているように、若いときに権力に屈した負の記憶をバネにしている。

　しかし、日本の左翼運動の中で、警察や検察に自供したり、転向したりしたものは珍しくはなく、いまなにくわぬ顔で体制派のイデオローグとなっているものもまた枚挙にいとまがない。という前に、すでに左翼青年として出発した大宅壮一自身がそうであった。

　それでも彼は、晩年、『サンデー毎日』に連載していた「サンデー時評」で、エスペランチストの由比忠之進が、ベトナム戦争を批判して焼身自殺を遂げたときの論評は、大正デモクラシーの洗礼を受けたものの骨太さを発揮し、さすがと思わせないではなかった。そこがさいきんの草柳大蔵や香山健一など凡百の転向者との雲泥の差だった。

青地さんをあえて愚直と評したのは、自分の体験にこだわり、マスコミ人としては不利な立場にむかって転回しようとしつづけた生き方を指している。天皇制絶対支持者としての父への批判から思想を形成しはじめ、ついにデッチ上げ横浜事件の被告として囚われ、なおかつウソの自白で屈服した恥ずかしさとむかいあいながら、屈服を沈黙の闇に沈めるのではなく、批判のエネルギーに転じて書きつづけてきたのである。

「深夜、冤罪事件の原稿を書いていると、闇の底から『もっと書け、もっと書け、書いておれたちの気持を晴らしてくれ』という横浜事件の死者たちの低いつぶやきが聞こえてくるような気がする。この低い小さなつぶやきが私の耳にとどくかぎり、私はやめることはできない」(『魔の時間』あとがき)。

2

大宅壮一の晩年と青地さんのマスコミでの活躍のピークはちょうど重なっていた。わたしがいまはつぶれてしまった小雑誌の編集者としてお二人の謦咳《けいがい》に接していたころである。

青地さんと個人的にお会いしたのは、それから数年たったころで、そのころ創立されたばかりの日本ジャーナリスト専門学校の校長になっておられた。わたしはフリーライターの駆けだしだったが、青地さんはわたしのことをよく憶えていてくださった。大宅、青地、寺沢の三人の評者による鼎談での編集者としてのわたしの仕事は、その月の雑誌に掲載されたルポルタージュのいくつかを選び、そのリストをつくって送り、三人のスケジュールを合わせて鼎談の場を設定し、その速記録を整理することだった。目立つことなどなにもない仕事だったが、わたしは憶えていていただいて恐縮した。

青地さんはこういった。

「こいつらはなんだと、つまらなく思っていたでしょ」

その後も、二、三度おなじことをいわれている。が、それはわたしにたいする買い被りにすぎなかった。部屋の隅に坐っていて口数が少なかったのは人見知りするたちだったし、個人的に接近しようとしなかったのは、有名人を敬遠する悪い癖にすぎなかった。

いま、自分のことを書いたのは、青地さんの意識の在り方をさぐってみたいからだが、彼は素姓のはっきりしない小雑誌社の鼎談に同席しているまだ若い編集者をけっして無視せず、みられている自分の落ち着かなさをいつも感じていたようなのだ。

青地さんのように編集者としての輝かしい経歴をもち、評論家としての地位を築いたひとなら、先生あつかいされているうちに、小雑誌のパッとしない編集者など歯牙にもかけなくなりがちだが、隅に坐っている編集者の視線を受けながら、自分の姿をとらえ直していたようである。

有名になってしまえば、誰しもあたかも糸の切れた凧のようにふわふわ漂《ただよ》いがちだが、マスコミの中で脚光を浴びながら、青地さんはいつも無実の罪で獄死した仲間たちの低い声を忘れることができなかったのであろう。

「年配のせいで日韓連の代表に私はおさまっている。そのため記者会見でしゃべったり、テレビに引っぱりだされたり、派手な舞台に立つことがすくなくない。しかし、裏で私たちの仕事をささえているのは、無名の若者たちである。『一将功なりて万骨枯る』とまではいわないが、決して尻がこそばゆくないわけではない」

晴れ舞台に立つと尻がこそばゆい。誉められると居心地が悪くなる。それは恥ずかしがり屋だからということではない。親への反抗と放校処分を受けた学校への抵抗、特高の拷問と屈服、あるいはその後の家庭の不幸も加わって、上昇と栄達にはすでに馴染めなくなっていたのかもしれない。

3

最初にお会いしたころ、青地さんは『ほるぷ』に冤罪のルポルタージュを連載されていた。のちに単行本としてまとめられた『冤罪の恐怖』だが、これは続刊の『魔の時間』とともに、冤罪問題の古典的名著である。これらの息の長い仕事は、無実の被告を救おうというきわめて明確なモチーフにもとづいた力作だが、いうまでもなくご自身の「横浜事件」の体験によっている。

その後、青地さんは、日韓連の代表者として金大中氏を救うために精力的に行動するようになる。冤罪と日韓問題は、晩年になって国家権力にむかうふたつの大きな仕事だった。彼は行動するジャーナリストとして、マスコミからしだいにはみだしていった。

「近頃、やたらに研究会や集会に出かけたり住民運動や自然保護運動に片足をつっこんだりしている。肉体的には重労働で家へ帰るとぐったり疲れているが、室内にいるといそいそ外出の仕度をしている自分自身を発見する。そうした好奇心、知的助平、野次馬根性が私の精神的な若さをささえているのかもしれない。おれはこれからだと、ときどき気負い立ったりする」

六〇歳のときの文章である。日韓問題への取り組みは、その四年後、一九七三年の金大中拉致事件からはじまっている。六四歳からの運動だった。それは本人がいうようなたんなる「野次馬根性」で持続できるものではない。

青地さんは温顔で、話し方もボソボソしていて、けっして歯切れのいいものではなかった。自分の内側の激しさをひとにみせるようなことはけっしてされなかったが、この本に集録されている文章には、意識的に控え目にしていた彼の激しさがときどきあらわれている。

「私が退校させられたとき、父は伝家の短刀をつきつけ、私に腹を切れといった。私は裏の竹やぶへ行き、刃こぼれで使えなくなるまで、短刀で竹を斬った」

「クビになって、私は春山編集長をうらんだ。退職金はゼロである。木刀をもって春山邸のまわりをうろついたが、幸か不幸か、春山氏と出会わなかったので、傷害犯人になることを私はまぬがれた」

若いときの激しさは、獄中での二重の体験としての拷問と屈服をくぐり抜けて、個人的報復よりは組織的な運動へとむかうようになった。激しさと優しさは、国家権力の不法とその犠牲者としての個人へと二つの視座となってあらわれている。ラジカルな民主主義者として自分の姿勢について、青地さんはきわめて控え目にこう語っている。

「弱きを助け、なんていうときざっぽくてやなんだけれど、物を書かせてくれる舞台があるなら、権力礼讃をやってもしょうがない。弱者礼讃をやったほうがましだ。そう思っています。それが信条かもしれません」

青地さんは、大宅壮一のようにマスコミの寵児にはならなかった。またマスコミの奴隷にも権力者にもならなかった。戦時中におけるマスコミの弱さを人一倍知っていたからでもある。が、ペンの強さへの期待を捨てなかった。そればかりか行動することの重要さも身をもって示した。日韓問題と冤罪の問題では、最後の入院までいろいろな集会に出ておられた。内に激するものを抱きながら静かに歩いていたのだった。

いま、青地さんが活躍されていたころよりもはるかに時代は悪くなっている。ご存命なら、おそらく、「国家秘密法」にたいしては、横浜事件の元被告として、あるいはジャーナリストの先達として、日韓や冤罪よりもさらに精力的に発言し、行動されていることであろう。そう思うとき、青地さんの存在の大きさをあらためて知ることができる。

大宅壮一は死んで大宅賞と大宅文庫を遺した。が、青地さんは目にはみえないもっと大きなものを遺した。それは、ジャーナリストの生き方であり、精神である。反権力的なでないジャーナリストなど無意味である。その精神を彼は生き抜いたのである。

青地　晨（本名　青木滋）　一九〇九年四月富山県に生まれ、佐賀県で育つ。『中央公論』編集者のときに、「横浜事件」に連座し、逮捕される。戦後、『世界評論』編集長。評論家になってからは、『反骨の系譜』『冤罪の恐怖』『魔の時間』などを執筆。冤罪事件執筆の先駆者である。七四年、日韓連帯連絡評議会代表。八四年九月没。

ひっけいな勝兄ぃ――本多勝一

1

腕っぷしが強くて、頼り甲斐のある勝兄ぃ、それがわたしにとっての本多勝一のイメージである。

といって、別段、いまいじめに遭って、加勢が欲しい、と願っているわけではない。モノ書きは助太刀などアテにすることなく、孤立してなおかつひとりでたたかうしかないのだが、本多剣士の周到な太刀さばきは、傍でみていても大いに勇気づけられる。

若いころ、彼が柔剣道の修業を積んだかどうか寡聞にして知らない。しかし、万年筆を正眼《せいがん》に構え(彼はワープロ派ではない)、右手の暗がりに蠢《うごめ》く敵に、素早い一太刀を浴びせてきた歴戦の戦果をみれば、わたしもまた自分を励まし、つねに撃って出なければいけない、と決意をあらたにさせられる。

それでも、この剛腕の達人は、たぶんに誤解されているように、けっして眠狂四郎のような冷酷無比の刀使いではなく、恥ずかしがり屋で、気が弱い。それが素顔をみせたがらない理由である、などというと、世人は驚くにちがいない。

本人自身、「ひっけいな性分」（引っ込み思案のこと、「『ファーブル昆虫記』の思い出」＝『本多勝一集』第一八巻『ジャーナリスト』所収）と書いているほどだが、彼を知るものなら、それを読んでもけっして意外に思うことはない。とすれば、ひっけいな性分の本多勝一が、どうして勇猛果敢に、極寒の住民イニュイ民族（通称エスキモー）や熱砂のアラビア遊牧民などと生活をともにし、なおかつ文字通り砲弾の下でベトナム人民と会い、アメリカ南部でアフリカ系アメリカ人とともにピストルの標的にされながら、取材をつづけているのであろうか。

2

この難問を解くのは、いささか荷が重いのだが、いいだした責任上、一応の仮説だけでも提起しておかなければならない。

「研究熱心」

このありふれた四文字で、はたして本多勝一の半生を捉えることができるかどうか。

『カナダ＝エスキモー』『ニューギニア高地人』『アラビア遊牧民』と、極限の地の民族にたいする探検三部作は、かつてファーブルの『昆虫記』に魅了された博物少年が、微細なものにこだわりつつ、文化人類学的手法に依拠しながら世界観を獲得していったプロセス、ともいえる。大きな課題をおのれに課し、その研究を徹底させようとすれば、苛酷な自然の中で、生死ギリギリのところに踏みこまざるをえない。学生時代、二度におよぶヒマラヤ探検の成功が、極限の地の踏査の基盤になっているのは、容易に想像できる。

研究熱心は、強靱な精神と頑健な肉体によってささえられている。その軌跡は、新聞記者の「取材ノート」をはるかに超えた緻密にして膨大な「フィールド・ノート」として残されている。それでは、人類学的研究から、どうして苛烈なベトナム戦争に飛躍したのか。彼は、こう書いている。

「『ベトナム』のような分野こそが本道ではないかと思うようになっていたのは、新聞記者になって当時すでに六年、サツまわり(事件記者)などによってかなり教育されていたからでしょうか。『教育』といっても、なにも新聞社にそうした教育機関があったわけではなく、日々の仕事で接するナマの民衆、とくに『事件』の犠牲になって泣く民衆、正直者がバカをみている現実、そういった人々や現象が『教師』だったと思います」(『戦場の村』の取材」=『本多勝一集』第二〇巻)。

そう書いたあと、「こう単純に言ってしまってはキレイゴトにすぎるでしょう」とつけくわえているところに、厳密さをおろそかにしない理科系人間ばかりか、著者の「ひつけいな性分」が反映している。しかし、細心でない大胆など、これまであったためしがない。

教育は、べつな表現を藉りていえば、学習であり、学習とは、ひとに学ぶことの別名である。

3

警察の記者クラブになん年もいてなおかつ、警察に取り込まれず、事件の加害者、被害者の両者ともに「貧しきひとびと」であったことを詳細に観察していた強靭な精神は、本多記者特有のものである。そこで「社会の不当」に怒りを感じるようになる。勝兄ぃの明快な正義感である。彼は、こうも書いている。

「私自身が体験に影響されやすいということはあると思います。人間にも自然にも影響されやすくて、その結果、変わることになる」

この感受性が、ベトナムへの出発をうながし、そして、ベトナムの現実が、本多勝一を本多勝一たらしめる。

「あれはいろいろな意味で大戦争ですから、民族問題はもちろん、もっと大きな意味で、侵略の問題、人種的なもの、植民地の問題、資本主義とは、社会主義とは、人間とは、革命とは、組織とは、そして当然ジャーナリストとはなにかということにもかかわってくる」（「ほんとうのジャーナリズムを」＝『鎌田慧の記録』第六巻、巻末所収対談）。

本多ジャーナリズムの真髄は、報道ばかりではなく、強い批判精神にある。批判は論争を前提にしているのだが、論争にむかいあわない連中もまた批判の対象となる。いまや、ノンフィクションは「うまい人」と「おもしろいこと」(「すぐれた取材記者の条件」＝『本多勝一集』第二〇巻)のオンパレードになってしまい、彼のいう「深い尊敬はできない人」の全盛時代になったようだ。

それに対抗するジャーナリズムをつくる実践のひとつが、『週刊金曜日』の創刊応援なのだが、「書く場」としての応援だったにもかかわらず、心ならずも編集や経営に忙殺され悲鳴をあげているようである。

それでも、この貴重なベースキャンプの死守こそが、本多流ルポルタージュを息絶えさせないための大事業といえる。

壮挙ともいえるこの果敢な闘争は、やはりひとを変える事業として、全三〇巻の全集刊行に匹敵する歴史的な大仕事だ、と断言できる。

本多勝一　一九三二年一月長野県松川町生まれ。子どもの頃から山歩きを続け、大学時代は山岳部に所属、探検部を創設。ヒマラヤなどの合同調査隊に参加。朝日新聞記者として「極限の民族」三部作である『カナダ＝エスキモー』『ニューギニア高地人』『アラビア遊牧民』などを連載。ベトナム戦争報道の『戦場の村』は、大評判となった。定年退職後は久野収などと『週刊金曜日』を創刊。シリーズ『貧困なる精神』は数十巻に及ぶ。

大新聞からミニコミジャーナリズムへ——黒田　清

1

大阪で黒田清と会った翌日、東京にむかう新幹線の車内で、わたしは彼からもらった『開け心が窓ならば』(解放出版社)を読みはじめ、おもわず粛然と坐り方を正した。

この本は、「読売新聞」(大阪本社)の朝刊社会面のコラム欄「窓」に読者から寄せられた、差別にかかわる手紙を編集したものである。

「窓」は、社会部部長の黒田とこの本の共著者になっている大谷昭宏記者、それに真鍋和彦記者などが、読者との対話を目指してつくっていたちいさなスペースで、大阪読売の紙面の「顔」になっていた。

開巻第一頁に掲載されている手紙は、匿名で、筆者は二八歳の女性である。そこには、結婚を前提につきあっていた恋人から、彼女が被差別部落の出身である事実をつきつけられ、自殺未遂をはかった、と書かれている。その後の縁談もまた破談になった、とか。

被差別部落に生まれたひとたちにたいする結婚をめぐる差別は、一般的な知識としては知られているが、「『私、村の子です』と言える日と、私が結婚できる日がはやくきてほしいと切にねがいます」と書いた手紙が、大新聞に寄せられるのは珍しい。それほどまでにこの欄が、読者の胸襟をひらいていたことを物語っている。

彼女の投書をめぐって、さまざまな手紙が寄せられている。それも原稿用紙にではなく、ノートの切れ端や便箋に書かれたものだという。おなじ差別を受けた女性たちの悩みや、それでも結婚して子どもをつくった女性たちからの激励の手紙がつづいていた。

「窓」は、大新聞の紙面に穿たれた深い井戸だった。事件にはおよそ関係のない、ごく普通のひとたちの、みずみずしい生活の息吹きが湧きでている。

黒田さんが、大新聞の中のミニコミともいえる「窓」を独立させ、「窓友《そうゆう》新聞」を発刊したのは、一九八七年二月である。週刊誌大で三二ページ、一部二〇〇円。九〇〇万部と、世界最大の発行部数をほこる日刊紙の編集局次長が、定年前に社を辞去し、月刊、それもたかだか三〇〇〇部弱の新聞の編集長になったのは、けだし前代未聞である。

「読売がビューッと、ぼくが思っているよりも非常に権威的というか右的というか、そういうほうへいってしもうて、ぼくは社員としてそれについていっとったら、コラあかんナということで、そこでじっとしてんのやったら、これは記者として死ぬのと一緒だから、ホナ自分として動きだそう、コラもうしょうがないナと。それでも二年ちこうかかってましてね、やっぱり辞めるというとこまではね」

勤続三五年。八年前から編集局次長になっていた。記者としては栄達の道を歩んでいるかにみえたが、実際は二年前から社会部長をはずされ、彼の指揮のもとによく動いた記者たちは、それぞれ支局にとばされていた。すでに彼は手足をもがれたダルマだった。

いつのころからか、大阪読売の社会部は〝黒田軍団〟と自他ともに認めていた。市井のひとたちの嘆きや悲しみを伝えるだけではなく、「誘拐報道」「金融犯罪」「警官汚職」など調査報道でもヒットをとばして、さらには、一〇年前から「戦争」反対のキャンペーンをつづけ、デパートで戦時中の遺品を展示して、記憶の風化をふせぐ「戦争展」をも主催していた。

「東京のいうことをききたがらへんと、あいつら大阪を支社みたいに思うてるからね。渡邉(恒雄)社長のとりまきなんか、『あんなことやらしといていいんですか』というようなこといいますね。ホナそれがワアワアこっちまで伝わってきて、そうすると大阪の上のほうがビビリますよね、はっきりいってね」

2

読売新聞が大阪ではじめて朝刊を発行したのは、一九五二年一一月二五日。黒田は第一期の大学新卒として採用されている。このころの社会部の雰囲気について、初代社会部長の沢寿次は、つぎのように書いている。

「読売の大阪進出は、大阪冬の陣といわれた。集まってきた社会部員は、大阪をはじめ、京都、神戸、名古屋などの新聞記者だった。つぶれた新聞の浪人だったり、中小新聞の現役記者だったりしたが、現役の新聞記者も、その新聞を何らかの意味で、はみ出した連中だった。新聞記者としての腕は優秀なのだが、体制にとけ込めぬ暴れものだったのである。豊臣方に味方して大阪城に入城した当時の浪人そっくりで、後藤又兵衛あり、塙団右衛門ありというところである。つまり一癖ある連中なのである」（『社会部史』第一巻）。

夜盗みたいな、野武士のような、と彼は当時の社会部を表現するのだが、つまりは黒田軍団とはそのエッセンスであり、大阪冬の陣の敗退にも似たその崩壊は、中央集権化の完成でもあった。

読売の大阪進出は、奇妙にも社長の正力松太郎（当時）をだし抜いたかたちで、務台光雄常務と安田庄司取締役の独断専行ですすめられた（『読売新聞百年史』）。このとき、東京から編集局長として赴任した栗山利男が七二年、社長に就任、東京とは一種味のちがう独得な新聞として販路を拡げていった。が、彼は一〇年後の八二年五月病没、黒田社会部は貴重な後ろ盾を喪い、しだいに外濠を埋められたかたちで解体にむかった。

「窓友新聞」の事務所は、大阪・北区のちいさなビルにある。大阪駅から読売新聞へむかう、いわば喉元に本拠地を構えたのは、べつに古巣を意識してのことではなく、父親が建てたビルの一室を利用しただけのようだ。

播州から出てきた黒田さんの父親は、天満橋(北区)で米穀商を営んで成功、手びろく食糧をあつかっていた。いま二人の兄がその仕事を継いでいる。

つまり彼は〝ええしのボンボン〟として生育し、大学をでるときには商社と銀行と読売を受けたというから、いまどきの若い記者を笑うことはできない。

3

学生時代、黒田さんは「本読んで、野球して、パチンコやってるような学生」だった。時代は戦後の大衆運動の昂揚期から、レッドパージへと反転するころだったが、彼はこれといった政治運動に参加することもなく、いわばノンポリ学生のひとりだったようだ。

四年生の一一月(五一年)、京大の学生は、天皇にたいして戦争反対の公開質問状を提出、天皇は時計台の前でデモ隊とインターナショナルの歌声に迎えられ立ち往生した(京大天皇事件)。この運動の中心になっていた〝同学会〟は解散、大量処分となったが、彼はおよそカンケイなく、ガリ版刷りの同人雑誌に小説を書いたりしていた。

入社したあと、月のうち二五日は会社に泊まり、残りの五日は飲み屋に泊まる、といったような生活がつづいていた。「取材はスポーツ感覚だった」とは、謙遜というものであろう。

「やっぱり結婚したころからですかね、せっかく書くんやったら、ちゃんとしたもん書きたいなあ、と思いはじめたんやね」

――奥さんの影響ですか？

「いやいや、そうやなくてね、遊びすぎたんや。酒飲むのんとキャバレーやらなんやら、そのころいっぱいでしょ。遊びすぎて疲れたちゅうんか、ちょっとまともになろうかと、そんなんでね、恥ずかしい話」

韜晦であろう。古ぼけたビルの三階。黒田さんは、二部屋をぶち抜いた事務所の奥、正面の机に陣取っている。サスペンダーで吊ったジーパンに、白のワイシャツをたくしこんだ扮装は、エネルギッシュな主筆といった役柄にぴったりで、破顔は人なつっこさをあらわしている。だが、風貌に似あわずなかなか細心のようで、阿吽《あうん》の呼吸で部下を仕事に駆りたててきた様子を彷彿させる。

宇部市（山口県）に暴力団の抗争があれば、双方の事務所に乗り込み、組長と会見してなお反暴力団のキャンペーンを張り、通産省がウラン埋蔵量の極秘の調査をはじめると、単身張り込んで尾行するなど、斬った張ったで、でずっぱりのスクープ男にも、やがて「これ自己満足ちゃうか」という意識がからみつくようになっていた。もっとちがう記事で勝負してみたい、と思うようになったのである。

ボンボンの黒田記者が、生活を意識するようになったのは、六四年九月から一〇〇日間、「向こう三軒ヨーロッパ」の取材旅行を終えて帰国してから、という。ユースホステルに泊まったり、ホームステイしたり、いまほど外国の情報が多様でない時代に、外国でのふつうの家庭生活を体験してきた。

そこには、スプーン一本、皿一枚でひいおじいさん、ひいおばあさんの思い出を語る家庭があった。夫が妻を、ごくあたりまえのようにいたわる姿があった。一方では、スイスの片田舎の家でさえ、地下壕が備えられていた。平和と家庭について、生活の場から考えるきっかけを、黒田はこのときつかんだ。

「帰ってきてね、女房にぜったい家庭をもたなアカンと。変ないい方や、もう家庭をもって子どももおんねんけどね。要するに家へ帰ってないだけですよね。ほとんど、飲んだくれては、それこそエラそうに、反省なくって……」

結婚して、突然、生活に目覚め、そのまま生活に埋没してしまうのは易しい。が、彼は、生活意識から、差別、人権、そして生活を破壊する戦争反対へと、猛然とがんばりはじめる。

彼が生まれ育った天満橋の、漬物屋のあんちゃんや昆布屋の別嬪さんがいて、目をつぶっても歩けた町。それが空襲を受け、一瞬にして消えた。逃げまわった記憶も色濃い。「戦争展」は、その記憶の復元でもあった。

「戦争終わって三〇年たっても、実はわたしの夫はどこどこの部隊で亡くなったんやけど、そのときのことなんかわからんもんでしょうかなって訊くひとが何百人といる。自分の亭主が赤紙で兵隊にとられて、死んで三〇年たっても、そんな詮索するの悪いと思ってたというんですね。すごいもんやな、戦争って、と思ったんですね。だから、戦争になんで反対するねんというのは、ぼくは生活を破壊するからやちゅうこと、いまでもかならずいいます」

「窓」は彼の最後の牙城だった。反差別と反戦の旗幟を鮮明にして、読売で生き残れなかったのは、黒田ならずとも残念というしかない。刀折れ矢尽き、城をあとにして振り返ったとき、ついてきていたのは、大谷記者ただひとりだった。

「もうすこしついてくると思ったんや。お前だけやったな」

ふたりで酒を呑み交わすと、黒田さんはそう述懐するとか。あのスペイン騎士道の英雄にどこか似ていないこともないとはいえ、誇大妄想というべきではない。それがサラリーマン社会の宿命というものであろう。

4

いわば、駆け落ちにも似た道行きとなったとはいえ、黒田と大谷、ふたりは意気軒昂だった。キャッチフレーズは、「『窓友新聞』は小さな全国紙」。会員募集の呼びかけには、こう書かれている。

「幸せな人は、その幸せが長くつづいてほしい。幸せから遠くにいる人は、少しでも幸せに近づいてほしい、それが私たちの願いなのです。

もう一つ、私たちはそんなみんなの幸せを根こそぎ奪ってしまう戦争に反対し、差別を憎み続けます。でも新聞をはじめとするいまのマスコミは、戦争や差別には反対し続けているでしょうか。私たちはこの『窓友会』を通じて、平和で差別のない社会にしていきたいと願っているのです」

大谷記者との連名で、新聞発行の挨拶状を送ると、会員になりたいと一五〇〇人ほどがおカネを送ってきた。「窓」でつちかっていた読者である。「窓友新聞」は、そんなひとたちとのコミュニケーションの場であり、ジャーナリストとしての基盤である。

大谷記者が徳島支局から本社社会部にあがってきたとき、黒田さんはデスクになったばかりだった。いまから二二年前、大谷記者は三五歳になっていた。

担当していた南大阪の記者クラブは、天王寺動物園にあった。大谷記者は捨て犬を拾って記者クラブで飼っていた。ある日、犬を散歩に連れて歩いて、棒に当たった。園内にやってくる鳩が生け獲りにされ、ヘビの餌食にされているのを目撃したのである。

が、鳩の悲劇の記事を掲載しようとするデスクはいなかった。「けっ、気持ち悪い」と一蹴するだけ。「よっしゃ、あんじょうしたる」と引き受けたのが黒田デスクだった。翌日の朝刊でドカンとやった。

「通天閣の鳩無残／捕えられ、ヘビの生き餌に」

大反響となった。が、黒田デスクはそれで終わらせなかった。「天王寺の鳩受難に思う」のタイトルで特集を組み、生物学者のコメントを掲載した。

「ヘビだってかわいそうですよ。何で鳩が善で、ヘビが悪なんですか。彼らは生きた餌しか食べられない。それを残酷だなんて言われたってどうしようもない」

鳩がキリンの餌を半分も食べていた事実も明らかにされた。周到である。

それが、黒田キホーテと大谷パンサの出会いだった。

『窓』は私の長い新聞記者生活の支えで、本当の記者生活を模索してきて探しあてた終着駅のようであった」

黒田清は『新聞が衰退するとき』に、そう書いている。しもじもの喜怒哀楽に無関心なところでジャーナリズムが成立しているとしたなら、それは奇妙なものなのである。

彼の述懐は、彼の到達点であり、再出発の始発駅でもあった。「官」の発表に従わない新聞づくり、である。

たとえば、「窓友新聞」の最近号のトップ記事は、

「字い書けるでえ／これで胸はって生きられる――玄時玉《ひょんしおく》オモニの苦闘の生活史」

「韓国名捨てた私を許して下さい――祖国の歴史学で知った〝オモニの心〟」

などと、民族差別を受けた女性の自立と解放にむかう手記が、顔写真入りで掲載され

ている。

新聞社を退職して、大学の教員になったり、評論家になったりするのは珍しくない。そうではなくて、黒田さんはあくまでも記者として、自分が拠って立つ場を確保しておきたかった。つまりは、いったん緩急あるときの陣地構築のためである。彼には、戦時中、個人の新聞で反戦の記事を書きつづけた桐生悠々《きりゅうゆうゆう》への想いがあった。

5

実をいうと、黒田さんに会ってみたかったのは、湾岸戦争以後、「平和」を名目にかかげて、急速に「派兵」に傾斜していく論調への反発があった。わたしもまた、小新聞に依拠した悠々を思い起こしていた。

「ぼくがいなくなっても、だれか継ぐかもしれんけど、やっぱりそういう新聞をもっておくことはものすごう大事やと。悠々の足元にも寄れんけど、検閲とたたかいながら、権力とか戦争にたいして、あれだけ自分の主張をだして死んだんだから、ソラ、そのくらいのことはね、いざとなってできんかったらどうなるかという、気概はね、やっぱりあるんですよ」

さほど気負った口調でいうわけでもない。わがサスペンダーの主筆は、ソファの背もたれに倚りかかって、疲れたように頬杖をついている。

「ミニコミこそ新聞だ、とクロちゃんは考えているんでしょ。とにかく筆まめな男で、日記を四〇年以上もつけていて、『窓』の読者へもこまめに返事を書いて三〇〇〇人分のカードをもっていた。それが『窓友新聞』が短期間で形をなした理由でしょう。会社をやめたのも、管理職にされて、筆を折られたくなかったからでしょうね」

黒田と同時期に東京本社に入社し、同時期に東京本社で社会部長を務めていた、門馬晋（多摩大学教授）の、かってのライバル評である。

印刷費や事務所の経費は、月五〇〇〇円の会費で賄えない。モグラのようにマスコミに出没して稼ぐ。ご本人はモグラ・ジャーナリストと自称しているのだが、マスコミの穴もまた窓のひとつであることに変わりはない。

たしかに「窓」は、いまはささやかな明かり採りにすぎないかもしれない。が、やがてどてっ腹にあけた風穴にならないとも限らない。

黒田軍団も散り散りになった。中枢にいたものは社会部を追われ、昇進でも差をつけられている。そこにいたことを忘れようとしている記者も多い、とか。

それでも、元読売記者は、瓜谷修治、疋田吉継記者をふくめていま四人、それに「日刊新愛媛」からきた矢野宏記者、東京の雑誌社にいた浅井芳美記者。経理は、大阪のデパートをやめた、長女の重子さんが担当している。

「自分のための仕事にせえよ。一枚岩の部分なんかになるなよ。会社のためなんかはたらくなよ。会社のためのジャーナリズムなんてないんやから」

脱藩した老記者の、後輩への忠告である。

黒田　清　一九三一年大阪市生まれ。七六年読売新聞大阪本社社会部長に就任、「黒田軍団」の異名を取るほど個性的な紙面をつくった。「警官汚職」、「戦争」などの連載を指揮し、独自に反戦を主張する「戦争展」を毎年開催して、「ナベツネ」こと渡邉恒雄編集局長(当時)と対立、八七年退社。「黒田ジャーナル」を創設してミニコミ誌「窓友新聞」を発刊した。主著『体験的取材学』など。二〇〇〇年七月没。

歴史への参加、歴史の変革――斎藤茂男

1

斎藤茂男さんは、新聞記者でありながら、新聞記者であることを自己否定しつつ、新聞記者を超えたジャーナリストである。彼が世に送りだした膨大な作品を目の前に積み上げてみると、新聞記者を超えた、長い生命力をもつ確かな記録の集積を実感できる。おそらく、新聞記者を目指すもので、斎藤流ルポルタージュを書きたいと思うものはすくなくないであろう。

『事実が「私」を鍛える』（太郎次郎社）が、きわめて率直にその秘密を開陳しているのは、彼が彼のあとにつづくジャーナリストを待望しているからであり、そこにはともにすすんで一緒に討とうとする、熱いメッセージがこめられている。

この『事実が「私」を鍛える』の標題は、取材と執筆の長い営為によって、自己変革にむかおうとしてきたジャーナリズム論の斎藤さんのエッセンスである。ここには、ジャーナリストは、企業と時代を超えて、常に前進していくべきだ、との主張がこめられ

ている。

斎藤ルポルタージュのキーワードは、歴史への参加であり、歴史の変革である。彼の膨大な作品は、その実践の集積であり、『事実が「私」を鍛える』は、その入門書である。

「記者でありながら、記者を自己否定した」と書いたが、彼の感受性は、記者が落ちこむ権力性をいちはやく見破り、ジャーナリストの矜持を確立してきた。権力に無関心なものや権力に弱いものは、権力にとりこまれていてなお、自分の存在のあり方に気づくことはない。

斎藤さんは〝サツ回り〟の記者のとき、警察批判のスクープを放った瞬間、権力の恐怖を感じた。それも相手の警察に、というよりも、仲間であるはずの記者たちに感じた、という。それが、彼の記者としての出発点だった。記者を超える記者になるしかなかった権力との緊張感が、その後の斎藤茂男をつくりだしたのである。

彼はこう書いている。

「もしいま警察が自己防衛のために私を疎外しようとする同業記者たちを引きこめば、たちまち私を除く共同戦線ができ上がって、私が書いた記事を抹殺する大合唱が始まるのではないか。警察に情報源を置く記者にとっては、たとえ見せかけにせよ、体制への忠誠を担保にたえず情報源の好意をとりつけておくことが、日常の作業を円滑安全に進める必須条件だ。そういう両者の関係のなかにあって、記者がわが身の安全保障を第一義に考えれば、このチャンスに警察のそれとない誘いかけに応じて忠誠を売りこもうとするのは当然の成り行きだ」

警察の記者クラブにいて、警察と記者の関係をよく見聞きしているからこそ感じた恐怖である。生まれてはじめて、「権力」の存在に、皮膚感覚を通して直接気づかされた、という。自分が窮地に陥ったとき、他社の記者たちが敵にまわるかもしれない、という孤絶感から出発したなら、クラブに屯《たむろ》している仲間たちを尻目に、ひたすら事実を掘り起こして自分を鍛え、自立した存在としての地位を確立しなければならない。

若き日の斎藤記者が、大分県の農民闘争を潰滅させるため、警察官みずから駐在所を爆破した菅生《すごう》事件の真犯人を追い詰めたり、徳島ラジオ商殺人事件の冤罪を明らかにしたり、「客観報道」の呪縛を脱し、個として、いわば権力犯罪に立ちむかったのは、けっして偶然ではない。

2

米軍支配下の戦後の混乱期から、六〇年の安保反対闘争を経て、日本は高度経済成長にむかう。目にみえるほどの貧乏な時代なら、権力が素顔をむきだしにしてきたなら、新聞記者の正義は通用しやすいであろう。

しかし、社会が安定し、生活が以前にくらべて相対的に豊かなものになった時代では、単純な視点では、時代に斬りこむ手がかりを喪いがちだ。「状況が見えなくなった」と斎藤さん自身でさえ書いている。

マスコミがタレ流した「一億総中産階級化時代」は、日本人の意識に大きな害悪をもたらした。奇妙にも、このころから、日本の社会から「労働者」がいなくなってしまったのだ。

「昭和四〇年代はじめから四七年にかけて、デスクの職に縛りつけられて」いた、と彼は書いている。現場から離れていたのだが、体調をこわし、それがきっかけでまた現場の取材に復帰した。

斎藤さんから連絡を受けて、お会いしたのはそのころである。大きな眼玉で、見据えるようにみつめる。その眼力は新聞記者としての長い経験を感じさせたが、高圧的なところはなく、低い声で物腰は丁重だった。

彼はそのころ、長期連載の「ああ繁栄」(『わが亡きあとに洪水はきたれ!』現代史出版会)の取材の準備にとりかかっていた。その作品は、わたしが感じとった情熱をはるかに上まわる、大河ルポルタージュとなった。大通信社の記者が、大企業のなかにいる少数派の意見を全面的に採り入れ、「中産階級化」したといわれていた労働者の実情を、みごとに描きっていた。

たしかに、それまでにも新聞に労働者が登場しないわけではなかった。が、たいがいは春闘のときに労働組合の幹部にコメントをもとめるとか、あるいは争議や大事故や労働災害など、非日常の事件のときにかぎられていた。

ところが、斎藤チームの「ああ繁栄」は、繁栄をささえてきた合理化や労働者への差別や少数派にたいする弾圧など、いわば日本資本主義の恥部に敢然とむかったのである。それも企業の実名入りだった。

大企業の側からすれば、とんでもない偏向記事だったはずだが、各地方紙があたかも競うようにこの記事を掲載した。平地に乱を起こすともいえる斎藤流の大胆な正面突破作戦が、好感をもって迎え入れられたのだった。

「……企業で言えば、役員や広報室からではなく、学校で言えば、教育委員会や校長・教頭からでなく、要するにごく普通にあくせくと、しがない労働の日々を送っている人たちから、いまこの現代をどう生きているのかを聞き、そのナマの姿を自分の目で見るという、ごくあたりまえの取材体験なのである」

ここでは、ごくあたりまえの取材体験、と書かれている。たしかに、社会部記者ならひとびとのなかにわけいり、その生き死にの声を伝えるのが仕事というものだろうが、たいがい、断片的にしかとらえられていないのは、現象から本質へとむかう記者のエネルギーの根源に、歴史を記録しつつ歴史に参加する変革の想いが希薄だからである。

あるいは、そのような記者は、最近ではますます排除されるようになっているのかもしれない。

とにかく、斎藤さんは「ああ繁栄」から、日本資本主義の深部にむけての長征に旅立ったのである。新聞記者も、四〇代半ばともなれば、たいがいデスクワークの仕事になるのだが、彼は若い同僚の記者たちとともに、日本列島をコツコツと歩きはじめる。

3

斎藤ルポの特質は、新聞記者でありながら新聞記事を超えていることにあるが、それは微細な事実を長期的な視点で裏付ける歴史性と、読者を励まし、なんらかの行動に駆りたてようとする意思にある。それとは矛盾するかたちなのだが、斎藤ルポのもうひとつの特質は、通信社配信の記事にある。

通信社の記事は、加盟している地方の新聞社が買いとって掲載するかたちとなっている。だから、ストレートニュースはべつにしても、面白くないと採用されない。まして、長編ルポの場合、あまり長期間では紙面が固定する。とすれば、自社の社内ばかりか、不特定多数の編集局、それに各地域の読者に支持されなければならない。斎藤ルポはその難関を突破して、新聞連載小説に匹敵する長編ルポとして、数多くの傑作となって紙面に定着した。

『日本の情景　教育ってなんだ』『日本の情景　父よ母よ！』（共に岩波書店）と日本社会の日常生活の掘り起こしにむかった斎藤ルポは、新聞記事としては異例にも、主観報道に徹底し、同時に人間の感情をもとらえる方向にむかう。彼はこう書いている。

「私個人の実感で言うと、われわれは不十分ながら状況の説明はしてきたように思う。しかし、『状況そのもの』をナマナマしい実在感をこめて読者に提示してきたか、と自問してみると、そこがきわめて怪しいのだ」

人間のおかれている状況を、彼は「風景」で描こうとしている。歴史性と同時に、彼らのいる場としての風景を描くことによって、状況と歴史を同時にとらえようとするのだが、そのためには、風景の中を歩きつづけるしかない。

これまで、新聞記者では意識的に切り捨てられてきた周辺取材の断片が再構成されて、新聞記事としてあらわれる。ルポルタージュは、現在を手がかりとしながら、過去を凝視し、未来を想定し、そこへひとびとを結集する方法だが、斎藤さんは、新聞記事によってそれに挑戦したのである。

とすれば、それを書く記者自身の意識もまた、新聞記者から脱していなければならない。そのひとつの物質的基盤は、「わが社」の紙面だけでなく、「他社」の紙面を乗っ取らなければならない。企業の壁を超えた通信社記者として存在する者の必然と優位性である。

さらに、数多くのひとたちを説得するためには、禁欲的な事実の積み重ねと、それによるゆるぎない確信が必要である。

「われわれは、自分自身にさえわかっていないことをわかるために『ルポルタージュの旅』に出かけるのだ。取材で歩きながら自分の眼を少しずつ見開いていき、少しずつ少しずつ対象に接近しながら自分の問題意識を研ぎすましていく」

大新聞社の記者は、えてして会社を背景にしてモノを見がちになる。常にひとびとに依拠して、自分の感性と自分の思想を検証していかないかぎり、その存在のありようから、高みに立った観察になるのは必然である。

というのも、大新聞社には影響力があり、だからこそ、ひとびとがすり寄ってくる。ましてや権力機関の中枢におかれた記者クラブにいて、官僚たちの視点に依拠してモノをみていれば、人間的な感性もまた、摩滅してしまおうというものである。

斎藤ルポルタージュは、大工場のなかでの人間関係、というよりは、労働者の疎外の状況から、子ども世界、そして企業社会に取り込まれた家庭、さらには、現代社会における男女の関係を検証しながらすすむ。

いわば資本主義社会のなかでの人間関係の不成立にむかうのである。もちろん、その再生の手掛かりを得るがためである。

日本は、工業生産力が日本よりもまだ低い段階にある国の指導者たちにとって、いまなお目標とされているようだが、むしろ悪い手本ともいえる。というのも、公害被害をみればわかるように、貧しさからの脱却のために、なりふりかまわずにすすんできたからだ。

4

いつの間にか、日本人のたいがいに、経済生活の向上が最大の幸福のような価値観が支配的になり、人間的な生活とはどのようなものであるのか、などという哲学的追究を軽視してきたのである。それにはやはり、消費文化としてのマスコミ文化の罪が大きい。残念ながら、ますます、現状追随の文化が大勢を占めている。

わたしの新聞記者への批判は、彼らが毎日、日常的に書く記事が、その先につながる歴史とどうかかわりあっているのか、その歴史認識についての問いかけの弱さにある。いま書こうとしている記事が、日本の民主主義の進展と人権の拡張にとって、どのような意味があるのか。戦争を拒否する流れのなかでどんなはたらきをもたらすのか。そのことにたいする自省と想像力に裏打ちされているのかどうか。

いま、テレビや新聞は大衆に迎合し、心ある民衆の意識よりもはるかに遅れている。そのことにはたして気づいているのかどうか。というのも、ニュースソースが民衆よりも、為政者側に偏っていれば、遅れて当然といえる。

斎藤茂男のメッセージは、「この時代を人間らしく生きるための志」を強めていこうとするところにある。後進の記者たちに人間的視点をより強く形成してほしい、との悲願が、『事実が「私」を鍛える』にこめられている。

『新聞記者を取材した』(岩波書店)には、こう書かれている。

「新聞記事を取材し、書く、一人ひとりの記者の人間観と、その人の仕事と生活をひっくるめた全体的な生のスタンスが、正真正銘、人間らしい優しさ、しなやかさを湛《たた》えているかどうか——ジャーナリズムはやがてそういう光線に曝されることになるのではないだろうか」

ジャーナリストとは、人間を大事にする人間ということなのだ。

斎藤茂男　一九二八年三月東京都生まれ。共同通信社会部記者として、共産党弾圧のために、交番に火炎瓶を投げ込んだ警察官を突き止めた。このフレームアップ(菅生事件)のスクープで知られる。大企業の実態や教育、家庭の問題などの大型企画を取材する大連載を続け、単行本化した。主著に『わが亡きあとに洪水はきたれ!』『妻たちの思秋期』など。九九年五月没。

あとがき

「たったひとり」――それは無力さの別表現、あるいは異端の別名である。

たったひとり荒野に立つ孤立・孤絶を、たいがいのひとたちは望まない。日本人の大方が、自分の意見を強く主張せず、大勢に迎合してしまうのは、「変わり者」として組織や地域から排除される不遇に陥りたくないからだ。

たとえば、会議の場でも、はじめに発言せず、その場の雰囲気を見定めながら自分の意見をいうのも、異論にこだわると協調性がないとみられ、孤立を怖れるからである。それはかつての「村八分」社会での身のこなし方と無縁ではない。

安倍晋三首相(第一次安倍内閣)が、八方ふさがりとなって政権を投げ出したあと、あらわれた流行語が「ＫＹ」というものだった。「空気が読めない」という略語だそうだが、あたかもプリンスのようにもちあげられ、おのれの力を過信した三代目が、選挙の敗北後も辞任せず、佞臣の甘言を呑み込んだかのように、アクセルを踏みつづけ、壁にぶつかって大破する。

このストーリーは、中世シェークスピアの陰惨な宮廷劇のようだが、それを「ＫＹ」

などとあたかも処世の失敗のようにいうのは、無邪気というより精神の衰弱にすぎる。

出処進退をまちがえるのは、権力者にはよくあることだ。権力者とは「裸の王様」のことでもあるが、日本の政権党にいる、権力的な政治家たちのたいがいは、封建領主の後継者のような二世、三世だから、その意識は特権クラブの会員のように民衆からかけ離れている。派閥の力関係による権力争いか、あるいは談合による首相の座のたらい回しを専らとして、権力をもとめてダボハゼかメダカの群のように、右往左往しているだけだ。

それはともかく、安倍前首相のように、政治判断のミスによって自滅したケースでさえ、「KY」などと、「集団のなかでの処世術」の恰好《かっこう》の例題にされるこの国特有の価値観は、わたしたちを呪縛している文化の一種類であるのはまちがいない。

この本は、この鳥モチのようにからみついて、自立の精神を阻害している日本の価値観に、さまざまなジャンルにいて挑戦したひとたちの物語であり、わたしがお会いした反骨の人たちである。

反骨は叛骨でもあって、権力に迎合しない、むしろ敢然と嚙みつく精神のことだが、いまはやりの打算や成算の対極にあって、右顧左眄しない直情のことでもある。

荒野にひとり立つ孤独でいうなら、たまたま出会うことになった、たったひとりの冤罪者のために、定年前に裁判官の席を降りて、その弁護に余生を賭けた矢野伊吉さんにむかって吹いた風ほど、骨身に沁みたものはなかったはずだ。

矢野さんは、職を擲って警察・検察と対立したばかりか、地元の弁護士会からさえ批判され、ついに再審開始の最高裁決定を引き出すのだが、その最高裁決定書の文中でも難詰されるほど過激だった。司法界のなかでまったく孤絶したのは、死刑囚・谷口繁義を救うための言動が過激と思われたからだが、過激でない反骨などありうるわけがない。

自民党推薦の長崎市長でありながら、天皇の戦争責任を主張して右翼に狙撃された本島等さん、文部省(当時)に公然と叛旗を翻した歴史学者・家永三郎さん、旧弊な歌舞伎界から白眼視されながら、外連《けれん》に正統性をあたえた市川猿之助さん、少年の人権を商品化した新潮社(写真週刊誌『フォーカス』)に抗議して、著作権の全部を引き上げた灰谷健次郎さんなど、反骨はあとさきかまわず仕掛けた、アナーキーな攻撃のことでもある。

悪政の被害者でしかないはずなのに、権力側の言葉でしかものを考えない(マスコミの影響だが)市民がふえてきた。ここに紹介した爽やかな二二人のほとんどが表現者だが、この本に収録する原稿を集めながら、わたしのこれまでの仕事は、このような反骨ばかりか、ここには登場しなかった、いわば無名のひとたちのことを書きつづけていた、ということに気づいた。無名のひとたちこそ、わたしのルポルタージュの主人公なのだ。

ときどき思い出すのは、いまもどこかで図太く生きておられると思うが、北九州市の新日本製鐵戸畑製鉄所のまえで、「きんごろう」というガリ版刷りのビラを配っていた労働者のことである。突然、たったひとりで、なんの脈絡もなく、共産党でもない、新左翼系でもない、ごく普通の(すでに普通ではないのだが)労働者が、なんの成算あってか、職場のことを批判するビラをまきはじめた。これは驚嘆するのに十分に値いする事件だった。

一九七〇年ごろのことだった。たまたまわたしは、のちに『死に絶えた風景』と題する本を書くために、北九州市に滞在していた。戸畑製鉄所で働いている、下請労働者の友人からその話を聞いて彼に会った。

三〇代後半のひとだった。ちょっとナイーブな感じだったが、悲壮感などさらさらなかった。いまのように、派遣労働者などではない、身分安泰の本工(社員)さんだった。労働組合はすでに御用化していた。職場の閉塞状況を破ろうとする意識がないではなかったのだろうが、そのビラのタイトルにあるように、冗談のような抵抗だった。

「きんごろう」は、柳家金語楼の兵隊落語から採った。金語楼の「兵隊」ものは、自分の体験から一兵卒の悲哀を落語のネタにしたものだった。そこに「一職工」という意識が反映されている。

大組織の職場での圧迫は、その行動がたんに反企業・反労組だから、というようなものではなく、「和」を乱すからこそ、忌避される。職場の仲間からは、腫れ物に触るようにされ、近づかないようにされていたようだ。いわば、一種の「裏切り者」である。やがて退社されたことが、それを裏づけている。彼の行動は、風狂といわれたり、奇矯といわれたりしたとしても、人間の声としては当然のものだった。

大阪の木津川筋にあった造船所のひとつ、「佐野安船渠」の構内下請けの労働者が、労組を結成したのは、一九七六年三月だった。おなじ構内に働いていても、下請労働者の仕事は、汚れ仕事がほとんどで、それでいて本工よりも収入がはるかにすくないのは、いまも昔も変わりがない。賃金格差は、ピンハネ公認の「労働者派遣法」制定後の最近のほうが、さらにひどくなっているのだが。

佐野安船渠では、本工労働者の労組にたいしてでさえ、会社側が暴力ガードマンを導入して嫌がらせをしていたほどだったから、下請労働者が労組をつくるなど、許されざる反抗というものだった。下請けの経営者たちは「生意気だ」と猛反発、脱退するよう労働者を脅かし、暴力をふるっていた。法律無視の弾圧だった。

一年たって、屈せずに残っていた最後の組合員もついに解雇された。それで(親)会社も下請親方もホッとしたようだった。ところが、そのあと、もうひとり「赤腕章」(組合員章)をつけた労働者が登場して、彼らを仰天させた。五五歳の川本博さんだった。が、彼もまた一週間でクビになった。

「首切りへの抗議の気持ちからです。まだまだいるぞぉーと言いたい気持ちからでした」

と川本さんは、ニコニコしていった。炭坑夫、沖仲士、道路工夫、建築現場などで働いてきた、自称「アンコ」である。かれは「アンコ魂」といった。その成算なき抗議は、はたして無駄な抵抗だったのか。わたしは、そうは思わない。

日本の戦後の運動は、「力関係」とか「情況の成熟」とかいい、前に出ようとするものを「極左冒険主義者」といって卑しめた。たしかに、厳密な情況分析は必要だが、それがいつまでたっても隠れていて、行動しないことの理由づけになってはならない。

たったひとりで、東京・八王子の沖電気の門前で、もう三〇年間も、毎朝、ギターを抱えて歌をうたいつづけているのが、田中哲朗さんである。

彼は一九七八年に、沖電気が一五〇〇人の大量解雇を強行したとき、その中には入っていなかった。労組の抵抗によって、解雇者は一三五〇人に削減されたが、そのうち、およそ二〇〇人が裁判闘争をはじめていた。被解雇者ではなかった田中さんが、友人たちの解雇反対闘争を支援するようになっていった。

理不尽なことが嫌いだった田中さんは、会社側が職場の締めつけと合理化のためにはじめたラジオ体操を拒否、嫌がらせの配置転換も拒否して、ついに解雇される。

彼の「義を見てせざるは勇なきなり」という止むに止まれぬ感情は、正義感というよりは、連帯の意思表示のようだ。

解雇された田中さんは、ギター教室をひらいて生活の手段を講じながら、毎朝、出勤時間に門前に立って、出勤してくるかつての仲間たちにむかって、勇気をもつよう、自分が作曲した歌をうたって励ましつづけている。そればかりか、沖電気の不正を暴露する裁判を起こしたり、会社と対峙しつづけている。

これをはたして無駄な行為だ、ときめつけることができるだろうか。その姿はかならずひとびとに勇気をあたえ、起ち上がらせるときを迎えることになる。

東芝の府中工場ではたらいている上野仁さんは、二〇〇六年暮れに労働組合に提出した「処遇制度に関するアンケート調査」の「その他」の欄に、「社長らの年間所得は約六八〇〇万円を超えていて、現場で働く勤続三二年、五〇歳の私の年間総賃金が四二〇万円だけなのは納得できない」と書いた。

そのときは、どうしたことか、たまたま彼にも、二年ぶりにアンケート用紙がまわってきたのだ。それまでは、書き直しを二回も要求されたりしていた。というのも、彼は社長の年収との比較ばかりか、「組合執行委員は一人平均一二〇〇万円超」という高収入も、これまでのアンケート調査で批判しつづけてきた。

アンケート用紙に書いたって仕方ない、とは彼は考えていない。たとえば、会社側がおこなった、二〇〇五年度の「従業員意識調査」という標題のアンケートの「会社の施策について」という欄に、

「去る四月二五日、東芝製浜岡原発二号機の地盤データがごまかされていた旨の証言を耐震計算担当者であった谷口雅春氏が静岡県で証言した。会社はただちにすべての浜岡原発を止めて安全確保に努めるべきではないか」

と書いた。これは正しい指摘であって、浜岡原発は、いったん地震が発生したら、どんな惨事をもたらすかわからない、というほど、いま日本一の恐怖原発として恐れられているからだ。

発言の機会があったなら、自分の意見をはっきりいう、これは民主主義の作法である。自分の発言を「きっちり記録しておく」というのも、企業や労組という大組織のなかにいて、自分の身を守る最大の防御である。

世界的な大企業に三二年も勤めていて、「年間総賃金」が「四二〇万円」というのは、あまりにもすくない。それは査定がきびしいうえ、残業の仕事から排除されているからだ。残業代ゼロは、三〇年も前に、上司が残業を強要したときに、

「わたしには、わたしの都合があります」

といって断ったとき、

「残業は会社の都合できまるんだ」

といわれて上司と対立、それ以来、残業の指示がなくなった。

秋田県の高校を卒業して入社した上野さんは、「技能オリンピック」の全国大会で第三位になるなど、いわば模範工だった。が、企業ぐるみ選挙に反対したりして、会社ばかりか労組からも冷遇されるようになった。

メモ魔であり、記録魔であって、「労働現場から」という個人紙を発行していたから、いわば「きんごろう」の後継者ともいえる。

上野さんが上司のいじめにたいして反撃した裁判については、小笠原信之の『塀のなかの民主主義』に詳しい。いまは、「学校・職場いじめホットライン」を開設して、相談を受けたり、集会をひらいたりしている。彼と会って、わたしは、大西巨人『神聖喜劇』の主人公東堂太郎を想い起こした。

この労働組合衰退の時代であっても、労働現場で、ひとり起って裁判をたたかっている労働者は、めずらしいわけではない。そのほかにも、地域にあってひとりで抵抗しているひとたちがいる。

青森県六ケ所村では、かつて「巨大開発」の名目で、膨大な土地が農民から買い占められた。その計画のなかで、プルトニウムをつくりだす再処理工場を中心とした、「核燃料サイクル」だけが生き残った。はじめから、核施設を建設する計画だったのだ。

その開発計画に真っ向から反対したのが、当時の村長寺下力三郎さんだった。彼は中央財界や国・県の圧力にも屈せず、開発反対を唱え、一期だけで落選させられている。村を追いたてられる、貧しい村びとたちを裏切ることができなかったのだ。

「鹿島開発」に反対して、やはり鹿島町長の座を追われた黒沢義次郎さんもまた、開発の魔手の犠牲にされた人物だった。彼も寺下さんとおなじように、変人あつかいされていた。

さらに六ケ所村には、全戸移転した「新納屋」部落に居坐って、たった一戸だけで農業を営んでいる小泉金吾さんがいる。一戸だけで生活するのは、水の管理や草刈りなどを自力でまかなわなければならないため、農民にとって最大のハンディとなる。

それでも、小泉さんは、息子さん夫婦とともに農業をつづけ、土地を売らずにいる。だから、核燃料センターへ行く道は、かれの土地を回避して曲がっているほどである。とにかく、納得できない。それが土地を売ることなく、旧部落に一戸だけで生活している理由である。

やはり、青森県下北半島の先端の大間町(現在はむつ市)に住む、熊谷あさ子さんは、原発予定地で、ただひとり土地の買収に応じなかった。残念ながら、二年前、病気で他界したのだが、いまは子どもたちがその遺志をついでいる。

電源開発会社がいまだに原発を建設できないでいるのは、炉心予定地にある彼女の土地が、建設を阻んできたからである。彼女が土地を売らなかったのは、津軽海峡に面している「絶好の漁場を守ることだ」とわたしに語った。「海と畑をなくすれば、人間は生きていけない」。それが遺言だった。

男たちが、ものわかりのいいフリして、屈服していったのを尻目に、夫に先立たれていた熊谷さんが、最後まで抵抗し、人生をまっとうしたのは特筆に値いする。

沖縄の読谷村に国民体育大会がやってきたとき(一九八七年一〇月)、この村でスーパーマーケットを経営していた知花昌一さんは、会場に掲げられていた「日の丸」を引き下ろして、焼き捨てた。逮捕は覚悟のうえだった。

読谷村は、「集団自決」があった「チビチリガマ」のある村で、住民を集団強制死に追いやった日本軍とその象徴である日の丸の強制には、つよい反発があった。

そのまえにも、読谷村では、女子高校生が卒業式の日の丸を降ろす、という抗議行動がおこなわれている。知花さんは、そのあと、自分の土地を没収して建設された「象の檻」の契約更新を拒否した。最近になって、ようやく父親から譲られたその土地を自分の手に取りもどした。

いきなり、農民の土地の上に線引きをしてはじまった「成田空港」建設にたいする抵抗闘争は、数々の農民の物語を生みだした。反対運動の半ばで世を去ったひとたちは、戸村一作反対同盟委員長のほかにも、枚挙にいとまがない。

いまでも、滑走路の建設予定地に住んでいて、土地の買収に応じていない農民は、島村昭治さんや小泉英政さん、市東孝雄さんなどがいる。島村さんのお宅は、長男も次男も父親の農業を継いで、一緒に生活している。

それでも、「成田空港会社」は追いだそうと、虎視眈々と狙っている。なん十年もかけてつくりあげてきた有機土壌の土地から、農民を追い出す権利は、だれにもない。

かつて、熊本県小国町の山間に、建設省がダムを建設しようとして、室原知幸さんの抵抗を受けた。室原さんは、私費を投じて「蜂の巣城」を建設して抵抗したが、強制収用の前に敗れた。お会いすることができなかったのが、残念である。

その生涯は松下竜一の『砦に拠る』に詳述されている。また、足尾銅山の公害反対に一生を賭けた田中正造もいる。これからも、日本の抵抗者はつづいていくであろう。

たとえば、最近では、愛媛県警内部の「領収書偽造」を告発した仙波敏郎警部補、「袴田事件」の袴田巖死刑囚の死刑判決には反対だった、と名乗りを上げた、一審担当裁判官の熊本典文元判事、小泉首相の靖国参拝を批判して、実家を右翼に焼き討ちされた加藤紘一自民党元幹事長、また若い世代では薬害エイズを告発した川田龍平さんなど、抵抗者はけっしていなくなったわけではない。

いつでも、だれかが名乗りを上げて出る、その止むに止まれぬ行動が、ひとびとに勇気を与え、確実に社会を変える。

二〇〇七年一〇月

鎌田　慧

岩波現代文庫版あとがき

遺品。

菅笠一蓋《がい》、頭陀嚢《ぶくろ》一個。嚢《のう》中収むる所、新約全書一巻、日記三冊、鼻紙少こしばかり(木下尚江『田中正造の生涯』)

行き倒れ同然だった田中正造が持ち歩いていたズダ袋の中味は、ささやかなものでしかなかった。木下が書きもらしていたものに、帝国憲法と「馬太傳」(マタイ伝)とをこよりで綴じ合わせた小冊子。矢立一本、石ころ三個があった。このあまりにも質素な、七一歳の最期には粛然とさせられる。「赤貧の洗ふが如き心もて　無一物こそ富みと云ふなれ」と正造は常日頃謳っていた。

ズダ袋のなかの石ころは、正造が生涯を懸けた渡良瀬川を歩きながら拾った「櫻石」。桜の花びらの紋様が浮き出た、黒い小石である。日記には「形ちを愛せしを以てなり」(一九一二年八月五日)と書いている。しかし、翌年正月九日の日記には、「山川の石を持ち帰るハ天道ニ遠し」とさえ書いている。石ころを川原から拾い集めることにさえ、気を咎めていた。

一九七一年七月、成田空港建設のために強行された、農民の土地の強制収用は、渡良瀬川の下流の谷中村を、村ごと貯水池にする明治政府の強権を想い起こさせた。

しかし、谷中村村民が丹精をこめて耕した田畑に、斟酌《しんしゃく》なく、足尾銅山の鉱毒水を注ぎ込もうとする、明治政府の計画は野蛮そのものとはいえ、福島原発の爆発事故とともにはじまった、天文学的数量の放射性物質の垂れ流しの方が、はるかに獰猛で罪深い。さらに目途のたたない最終処分場建設がこれに重なる。

「真の文明ハ山を荒さず、川を荒さず、村を破らず、人を殺さゞるべし」

晩年の日記(一九一二年六月一七日)に書き付けた正造の言葉は、文明が山を荒廃させ、川を汚染し、村を破壊し、人を殺すことへの反措定だった。それは近代文明批判であり、公害批判であり、現代の原発批判のことである。続けてこう書いている。

「今文明ハ虚偽虚飾なり、私慾なり、露骨的強盗なり」

桂太郎、西園寺公望による明治政府は、今日の政権のような勝手放題な強権政府だった。鉱毒難民が被災地から中央政府にむかった「押出し」に、三百余名の憲兵隊と警官隊を差しむけて襲撃、弾圧させた。この「川俣事件」に憤った正造が、政府を追及すべく衆議院に提出した質問書の題名が、よく知られている「亡国に至るを知らざれば之れ即ち亡国の儀」だった。

このあと、正造は議員を辞職、まもなくして、天皇への直訴の挙にでる。

正造はたったひとりで「富国強兵」の明治政府に真っ向から対峙し、「鉱毒事件」は生命軽視の経済成長主義の結果、として批判し続けた。

渡良瀬川改修とは何ぞや、と題する、明治四二年一二月五日の談話では、

「山や川の寿命は万億年の寿命である。三十年や五十年の昔は彼《か》の一瞬間である。人の短へ《い》寿命や短へ《い》知識で考るから三十年とか五十年を昔のよふに感ずるのである。山は大地と共に並び立つ寿命である。又尊へ《い》ものである。神ならぬ人間の干渉なぞ許さぬのです……水ニ対しても山川の生命を奪ふので天地の罪人である」と言いきっている。

これは七〇年代の公害問題を通過した日本の負の教訓だったはずだ。経済優先の技術信仰一辺倒が、正造の自然観を古臭いものとして、押しのけてきたのだ。福島事故を契機に、環境といのちをカネに換える、カネさえあればいいという「我利我利武者(亡者)」を排する田中正造の思想を、もう一度読み直す必要がある。

「福島事変」というべき、日本最大の大災害が、三年半たったいまなお続いている。産業社会の発展が人間社会を豊かにする、と信じられてきたが、人間の欲望が自然を破壊し、さらに壊滅的な打撃を与えている現状をみて、正造はどういうのだろうか。すでに七〇年代に激しかった、水俣病やイタイイタイ病、大気汚染などの公害問題の拡大

によって、企業の自制の効かない利益追求が、自然と人間とに敵対することを明らかにしていた。

それでも、まだ抑制的な生産ができると信じられていたのだが、究極の巨大技術としての原発は、政府の軍事的な欲望をもふくんだ、「国策民営」として推進された。最大限の利益追求(あとは野となれ山となれ)の象徴的な存在としての原発は、チェルノブイリやフクシマの破局的な事故が示したように、ついには膨大な地域から根こそぎ人間を放逐する産業だったことをあきらかにした。

田中正造の自然観を学ぶにあたって、眼を見開かされたのは、小松裕の『田中正造——未来を紡ぐ思想人』(岩波現代文庫)だった。ここで小松は、「不肖も土百姓なり」の一句を引いて、「土百姓」とは、「大地にねざして生命の糧を生産する者としての誇り」と解釈している。

「夫れ天下の生産ハ誰れの手ニ生ずるや。皆此弱者の手に成らざるハなし。今弱き者を殺さバ、生産絶へてのち強者亦自滅す」

正造は耕すこと自体に価値を見いだしていた。「耕せば天理」なのである、と小松はいう。

「正造は、土地を耕作すること自体に価値を見いだし、耕作の結果得られる生産物の私的所有や独占を目的とはせず、それを天からの贈り物として誰もが分かち合うことを理想としていたことがわかる」

それを正造は、「自然公共の大益」と呼んでいたという。とすると、江戸時代、二五〇年前の思想家・安藤昌益の言う「無盗、無乱、無迷、活真ノ世ニ帰スベシ」を想起せられる。「自然真営道」あるいは、「直耕」。直耕は、「直《てず》ら耕《か》す」とも読む。

これについては、石渡博明の『いのちの思想家　安藤昌益』(自然食通信社)が、簡明に解説している。

「昌益によれば、『直耕』は単に農民の生産労働に限りません。宇宙の根源的実在である『活真』が天地宇宙を生みだし、その存在を日々維持しているのは『活真の直耕』によるものであり、天地宇宙が『転々』として運回し、四季を巡らせ万物を生み育てているのは『天定《てんち》(天地)の直耕』だというのです」

江戸時代の医師だった安藤昌益は、自然界の生命循環、生態循環に想いを巡らしていた。

田中正造は社会主義者ではなかったが、直訴状を幸徳秋水が書いたことからもわかるように、無政府主義者たちと親しかった。支援者も多く、農民に慕われていた。八戸(青森県)の町医者だった安藤昌益は、多くの弟子に囲まれ、勉強会や講演会がひらかれていた。

地域でのサークル活動と地下茎のような思想の伝播が江戸時代に実行されていた。もちろん、まだ大衆運動などなかった。そんな時代に、門弟たちによる全国集会があった、と推定されている。

「一人にても起つ」というのがこの本のテーマである。安藤昌益と田中正造のことを考えてきたのは、原発事故による地域破壊の途方もなさを目の前にして、日本独自のエコロジストの自然観に惹かれるようになったからだ。そのラジカル性において、傑出していた。

たった一人抵抗する主人公としては、たとえば、大西巨人の『神聖喜劇』の「東堂太郎」がいる。帝国陸軍内の果敢な抵抗者として爽やかである。実際の企業内部からの告発者としては、わたしに資料を送ってきて、対馬の東邦亜鉛の鉱害隠しを立証してくれた技術者がいる(拙著『隠された公害』ちくま文庫)。この勇気ある証言によって、社長は辞任。国会での大問題となって、公害補償がすすんだ。

自衛艦「たちかぜ」の乗組員「いじめ自殺」にたいして、自衛隊の内部告発をテーマにしたテレビ番組、NNNドキュメント14「自衛隊の闇〜不正を暴いた現役自衛官〜」(日本テレビ)について、わたしはこう書いた。

「自衛艦を見学したとき、艦内の食堂に『団結』と大書されてあるのを見て驚かされた。戦闘集団には団結が最大のモラルなのだ。団結は少数意見を排除する。まだ殺し合いの惨劇を体験していない自衛隊が、いまでさえ民間よりもはるかに自殺率の高いのは、密閉集団の中で、異物を排撃し団結を求めるからだ。ミサイル搭載護衛艦『たちかぜ』の二一歳の乗組員の自殺は、『いじめ自殺だった』と裁判官が判断できたのは、『証拠文書かくし』にたいする自衛官の内部告発の証言があったからだ。この番組は組織内にあって、組織の明朗性をもとめて、毅然として証言台に立った自衛官を描いている。

秘密保護法実施前の、あるいは自民党の憲法改定案にある『軍隊内審判所[軍事法廷]設置』の前に、自衛官の勇気を映像化した意味は大きい。たった一人でもできることがある、という実践が日本全体を密閉集団化させない道を拓く」(「第14回石橋湛山記念早稲田ジャーナリズム大賞・授賞理由」)

いつでも、ひとりでも起つ人は必ずいる。

「家老・用人・諸役人・平士・足軽等、入用コレナシ。ミナ相応ニ耕スベシ」(安藤昌益)

「人権ニ合するは法律ニあらずして天則ニあり」(田中正造)

天のもとで、すべて平等、すべてに人権がある、と考えれば、恐いものはない。

岩波現代文庫の刊行にあたっては、同編集部の大塚茂樹さんの尽力を得ました。記して感謝致します。

二〇一四年一〇月

鎌田慧

初出一覧

1　対峙する意志

矢野伊吉　『中学校学級担任』（第一法規）　一九八四年一〇月号
戸村一作　『回想の戸村一作』（柘植書房）　一九八一年一二月
家永三郎　『ＡＥＲＡ』（朝日新聞社）　一九九四年一一月七日号
高木仁三郎　『科学』（岩波書店）　二〇〇一年六月号
後藤安彦　『中学校学級担任』（第一法規）　一九八五年三月号

2　反戦平和への希求

大田昌秀　『ＡＥＲＡ』（朝日新聞社）　一九九一年一月一五日号
山内徳信　『ＡＥＲＡ』（朝日新聞社）　一九九四年一月一七日号
本島　等　『ＡＥＲＡ』（朝日新聞社）　一九八九年七月一八日号
やなせたかし　『潮』（潮出版社）　一九九一年三月号

3　表現者の矜持

埴谷雄高　『ＡＥＲＡ』（朝日新聞社）　一九九五年三月六日号

上野英信　『上野英信集3』(径書房)　一九八五年九月
灰谷健次郎　『AERA』(朝日新聞社)　一九九六年八月一九/二六日号
松下竜一　『松下竜一　その仕事19』(河出書房新社)　二〇〇〇年五月
丸木　俊　『AERA』(朝日新聞社)　一九九七年八月一一日号
市川猿之助　『週刊朝日』(朝日新聞社)　一九八四年一〇月五日号
今村昌平　『AERA』(朝日新聞社)　一九九八年一〇月二六日号
新藤兼人　『AERA』(朝日新聞社)　一九九二年一一月一七日号
三浦大四郎　『AERA』(朝日新聞社)　一九九一年八月二〇日号

4　ジャーナリストの覚悟

青地　晨　『同じことをみずみずしい感動で言い続けたい』(社会思想社)　一九八七年九月
本多勝一　『本多勝一集20』付録15(朝日新聞社)　一九九六年四月
黒田　清　『AERA』(朝日新聞社)　一九九二年七月七日号
斎藤茂男　『ルポルタージュ　日本の情景11』(岩波書店)　一九九四年九月

本書は二〇〇七年一一月、平原社より刊行された。

ひとり起つ ―私の会った反骨の人

2014年11月14日 第1刷発行

著 者 鎌田《かまた》 慧《さとし》

発行者 岡本 厚

発行所 株式会社 岩波書店
〒101-8002 東京都千代田区一ツ橋 2-5-5

案内 03-5210-4000 販売部 03-5210-4111
現代文庫編集部 03-5210-4136
http://www.iwanami.co.jp/

印刷・精興社 製本・中永製本

ISBN 978-4-00-603276-0 Printed in Japan

岩波現代文庫の発足に際して

新しい世紀が目前に迫っている。しかし二〇世紀は、戦争、貧困、差別と抑圧、民族間の憎悪等に対して本質的な解決策を見いだすことができなかったばかりか、文明の名による自然破壊は人類の存続を脅かすまでに拡大した。一方、第二次大戦後より半世紀余の間、ひたすら追い求めてきた物質的豊かさが必ずしも真の幸福に直結せず、むしろ社会のありかたを歪め、人間精神の荒廃をもたらすという逆説を、われわれは人類史上はじめて痛切に体験した。

それゆえ先人たちが第二次世界大戦後の諸問題といかに取り組み、思考し、解決を模索したかの軌跡を読みとくことは、今日の緊急の課題であるにとどまらず、将来にわたって必須の知的営為となるはずである。幸いわれわれの前には、この時代の様ざまな葛藤から生まれた、人文、社会、自然諸科学をはじめ、文学作品、ヒューマン・ドキュメントにいたる広範な分野のすぐれた成果の蓄積が存在する。

岩波現代文庫は、これらの学問的、文芸的な達成を、日本人の思索に切実な影響を与えた諸外国の著作とともに、厳選して収録し、次代に手渡していこうという目的をもって発刊される。いまや、次々に生起する大小の悲喜劇に対してわれわれは傍観者であることは許されない。一人ひとりが生活と思想を再構築すべき時である。

岩波現代文庫は、戦後日本人の知的自叙伝ともいうべき書物群であり、現状に甘んずることなく困難な事態に正対して、持続的に思考し、未来を拓こうとする同時代人の糧となるであろう。

（二〇〇〇年一月）

岩波現代文庫[社会]

S270
時代を読む
—「民族」「人権」再考—
加藤周一
樋口陽一

「解釈改憲」の動きと日本の人権と民主主義の状況について、二人の碩学が西欧、アジアをふまえた複眼思考で語り合う白熱の対論。

S271
「日本国憲法」を読み直す
井上ひさし
樋口陽一

日本国憲法は押し付けられたもので時代にそぐわないから改正すべきか？　同年生まれで敗戦の少国民体験を共有する作家と憲法学者が熱く語り合う。

S272
関東大震災と中国人
—王希天事件を追跡する—
田原洋

関東大震災の時、虐殺された日本在住中国人のリーダーで、周恩来の親友だった王希天の死の真相に迫る。政府ぐるみの隠蔽工作を明らかにするドキュメンタリー。改訂版。

S273
ＮＨＫと政治権力
—番組改変事件当事者の証言—
永田浩三

ＮＨＫ最高幹部への政治的圧力で慰安婦問題を扱った番組はどう改変されたか。プロデューサーによる渾身の証言はＮＨＫの現在をも問う。各種資料を収録した決定版。

S274
丸山眞男座談セレクション(上)
平石直昭編

人と語り合うことをこよなく愛した丸山眞男氏。知性と感性の響き合うこれら闊達な座談の中から、類いまれな同時代史が立ち上がる。(全二巻)

2014.11

岩波現代文庫[社会]

S276

ひとり起つ

―私の会った反骨の人―

鎌田 慧

組織や権力にこびずに自らの道を疾走し続けた著名人二二人の挑戦。灰谷健次郎、家永三郎、戸村一作、高木仁三郎、斎藤茂男他、今も傑出した存在感を放つ人々との対話。

2014.11